Faisal Latif

ANALIZA PROTOKOŁÓW JAKOŚCI USŁUG (QOS)

Faisal Latif

ANALIZA PROTOKOŁÓW JAKOŚCI USŁUG (QOS)

ScienciaScripts

Imprint

Any brand names and product names mentioned in this book are subject to trademark, brand or patent protection and are trademarks or registered trademarks of their respective holders. The use of brand names, product names, common names, trade names, product descriptions etc. even without a particular marking in this work is in no way to be construed to mean that such names may be regarded as unrestricted in respect of trademark and brand protection legislation and could thus be used by anyone.

Cover image: www.ingimage.com

This book is a translation from the original published under ISBN 978-3-8443-0151-9.

Publisher:
Sciencia Scripts
is a trademark of
Dodo Books Indian Ocean Ltd. and OmniScriptum S.R.L publishing group

120 High Road, East Finchley, London, N2 9ED, United Kingdom
Str. Armeneasca 28/1, office 1, Chisinau MD-2012, Republic of Moldova, Europe
Managing Directors: Ieva Konstantinova, Victoria Ursu
info@omniscriptum.com

Printed at: see last page
ISBN: 978-620-2-89288-9

ABSTRACT

Jednym z największych wyzwań stojących dziś przed Internetem jest jakość usług (QOS) w zakresie (czasowo krytycznych) danych multimedialnych w czasie rzeczywistym. Wiele protokołów zostało opracowanych w celu zapewnienia bezproblemowego, kompleksowego dostarczania danych o krytycznym znaczeniu dla czasu. Niektóre z tych protokołów wykorzystują metodę znakowania, w której dane wymieniane między węzłami w Internecie są znakowane, aby można było nadać im priorytet w celu uniknięcia opóźnień. Pozostałe protokoły zapewniają całościowy przydział zasobów i gwarantują przepustowość dla danych o znaczeniu krytycznym w czasie. Spośród tych protokołów, IntServe (usługi zintegrowane) i DiffServe (usługi zróżnicowane) są przedmiotem dyskusji w niniejszym opracowaniu, które zostaną przetestowane i przeanalizowane pod kątem ich wydajności w porównaniu z tradycyjnymi najlepszymi wynikami.

ROZDZIAŁ 1 - WPROWADZENIE

WPROWADZENIE:

[1] Sieć została pierwotnie utworzona w celu udostępniania zasobów i danych w plikach tekstowych. Później sieci rozrastały się w szybkim tempie i ewoluowały w obecną strukturę Internetu, która jest luźno związana ze względu na strukturę własnościową wielu organizacji. Internet stał się największym zasobem nie tylko dla danych, ale również dla głosu i obrazu (dane w czasie rzeczywistym). Oprócz tego rodzaju zasobów, Internet jest również wykorzystywany do transmisji danych w czasie rzeczywistym, komunikacji głosowej i wideo.

Internet jest połączeniem heterogenicznych sieci połączonych różnymi typami i pojemnościami routerów o różnych protokołach. Sąsiadujące ze sobą routery są połączone ze sobą na różnych szerokościach pasma. Z dnia na dzień użytkownicy Internetu wzrastali w bardzo szybkim tempie, zwiększając ruch w Internecie.

Własność intelektualna korzysta z mechanizmu Best Effort Delivery. Traktuje on ruch jako jedną całość, bez rozróżnienia na ruch o znaczeniu czasowym i niekrytycznym. Prowadzi to do opóźnień w dotarciu ruchu do miejsca przeznaczenia, na co nie można sobie pozwolić w przypadku danych o krytycznym znaczeniu dla czasu.

W celu zmniejszenia opóźnień w drodze do Internetu i zagwarantowania dostarczania danych o krytycznym znaczeniu czasowym w kolejności ich powstawania, stworzono QOS (Quality of Service), który ma ogromne znaczenie dla funkcjonowania Internetu. QoS jest zazwyczaj mierzony pod względem niezawodności, opóźnienia, rozstrojenia i szerokości pasma przypisanego do danych aplikacji (B. A. Forouzan i S. C. Fegan. 2006). Aby utrzymać QOS dla danych o kluczowym znaczeniu w Internecie, wprowadzono wiele protokołów, takich jak X.25, ATM, Frame Relay, MPLS, IntServ, Diff Serv, itp.

Należy wziąć pod uwagę następujące rzeczy

- **Opóźnienie**: Opóźnienie w dotarciu do celu w przypadku pakietów.

- **Nerwowość**: Czasowe wahania w dostarczaniu przesyłek.

Utrata pakietów: Przeciążone łącza lub uszkodzone łącza mogą spowodować utratę pakietów.

Głównym celem tych protokołów było zminimalizowanie opóźnień i zapewnienie najlepszego możliwego i bezpiecznego dostarczania danych o kluczowym znaczeniu dla czasu. Obejmuje to dedykowane przydzielanie przepustowości i nadmiarowe ścieżki, które zapewniają, że w przypadku bloku danych lub awarii połączenia dane priorytetowe są wysyłane w pierwszej kolejności.

1.1 OPIS PROBLEMU

Opracowanie to skupia się na analizie zachowania modeli IntServ i DiffServ QoS z ruchem krytycznym w czasie. Tradycyjny Internet nie daje specjalnych preferencji ruchowi krytycznemu w czasie, gdy na nośnikach znajdują się inne rodzaje ruchu. Dla całego ruchu na węźle pośrednim zawsze występuje wysoki koszt przetwarzania, co powoduje opóźnienia w ruchu interaktywnym. Przetwarzanie w węzłach pośrednich przyczynia się do opóźnień w ruchu o kluczowym znaczeniu czasowym, a także może spowodować, że ruch w miejscu docelowym będzie nieczynny. Sprawia to, że wiadomość jest uszkodzona lub może być niekompletna i stracić znaczenie dla użytkownika.

1.2 CEL:

Celem tego badania jest analiza wyników pracy z wykorzystaniem IntServ, DiffServ i Best Effort w podobnych warunkach ruchu i innych. Scenariusz ten zostanie zasymulowany za pomocą OPNET Modeler ver.14, a odpowiedź przy użyciu tych protokołów zostanie przeanalizowana, pokazując wydajność i charakter tych protokołów dla ruchu o krytycznym znaczeniu dla czasu. Wyniki są porównywane w celu sprawdzenia, który protokół najlepiej nadaje się do dostarczania danych o krytycznym znaczeniu dla czasu z minimalnym opóźnieniem.

3

1.3 ZNACZENIE BADANIA

W ramach badania zostaną ocenione te modele w celu określenia ich adekwatności do aktualnych wymagań ruchu internetowego. Badanie jest korzystne dla organizacji średniej wielkości, które są zainteresowane skonfigurowaniem swojej sieci WAN dla czasowo wrażliwych przepływów ruchu z wykorzystaniem modeli IntServ lub DiffServ QoS.

Te dwa protokoły mogą być używane niezależnie lub w połączeniu, aby się wzajemnie uzupełniać. Główną zaletą Diffserv jako całości jest kontrola ruchu i skalowalność. IntServ rezerwuje zasoby wzdłuż całej trasy dla ruchu i zapewnia dostawę od początku do końca z minimalnym opóźnieniem. Badanie pomoże przeanalizować działanie tych protokołów w symulowanym środowisku, a uzyskane wyniki pomogą ocenić te protokoły w celu określenia ich znaczenia dla obecnych wymagań dotyczących ruchu internetowego.

4

ROZDZIAŁ 2 - TŁO

KONTEKST

Internet został opracowany w celu zapewnienia najlepszej jakości usług (BE) (Kobodi Coffart Mogale. 2006(1), co oznacza, że sieć nie daje gwarancji jakości usług (QoS). Ponieważ coraz więcej użytkowników jest podłączonych do sieci, korzystają oni z nowych aplikacji, które wymagają lepszej obsługi z Internetu. W związku z tym należy zmodyfikować serwis internetowy, aby zapewnić użytkownikom zadowalającą obsługę. QoS jest zazwyczaj mierzony pod względem niezawodności, opóźnienia, rozstrojenia i szerokości pasma przydzielonego do usługi. W ostatnich latach pojawiły się nowe rodzaje zastosowań, które wymagają gwarancji wydajności wykraczających poza usługę BE. Internet Engineering Task Force (IETF) zaproponowała i opracowała protokoły Internet Protocol (IP) QoS dla zapewnienia jakości usług w Internecie. Należą do nich usługi zintegrowane oraz Protokół Rezerwacji Zasobów (IntServ/RSVP), usługi zróżnicowane (DiffServ) oraz Multiprotocol Label Switching (MPLS), które pojawiły się w celu wdrożenia QoS w Internecie.

Internet nowej generacji powinien zapewniać różne szerokopasmowe usługi multimedialne gwarantowane QoS w czasie rzeczywistym, takie jak wideotelefonia, telekonferencje multimedialne, telewizja IP oraz wideo na żądanie oparte na sieciach tranzytowych IP/DiffServ-over-MPLS z wydajną technologią transportową.

2.1 DLACZEGO POTRZEBUJEMY QOS

[2] Wyobraźmy sobie sytuację, w której ledwo słyszymy, co mówi nasz przyjaciel przez telefon, albo rozmowa wideo zostaje przerwana, gdy rozmawiamy o czymś ważnym. Te rzeczy są bardzo niepożądane i nie chcemy

5

otrzymywać gorszych usług za płacenie wysokich miesięcznych rachunków. Komunikacja jest bardzo ważna w dzisiejszym świecie i aby ją wspierać, QoS musi mieć najwyższy priorytet. Ważne jest, aby zróżnicować ruch w zależności od poziomu priorytetu. Niektóre klasy ruchu powinny mieć wyższy priorytet niż inne, na przykład głos i wideo powinny mieć wyższy priorytet niż ruch, ponieważ głos i wideo są nadal uważane za najważniejsze usługi. Należy zauważyć, że klienci, którzy płacą więcej, aby otrzymać lepszą obsługę, powinni mieć wyższy priorytet, bez wpływu na innych klientów, którzy płacą normalną kwotę. Efektywne systemy QoS są potrzebne do osiągnięcia tych wszystkich celów.

[3] Obecnie coraz więcej aplikacji internetowych wymaga pewnych form gwarancji jakości usług (QoS), takich jak ograniczenia opóźnień czy niska utrata pakietów. W ramach obecnej architektury Internetu można oferować jedynie usługi typu "best effort", dlatego należy zdefiniować dodatkowe mechanizmy, które pozwolą wprowadzić QoS do Internetu. W tym kontekście w ramach IETF analizowane są dwa modele: model usług zintegrowanych i model usług zróżnicowanych.

2.3 X.25

3] Sieci X.25 są w użyciu na całym świecie. Wariant o nazwie AX.25 jest również szeroko stosowany do amatorskiego radia pakietowego. Racal Paknet, obecnie znany jako Widanet, jest nadal używany w wielu regionach świata i działa w oparciu o protokół X.25. W niektórych krajach, takich jak Holandia czy Niemcy, możliwe jest korzystanie z odchudzonej wersji X.25 na kanale D połączenia ISDN-2 (lub ISDN BRI) do zastosowań o niskiej przepustowości, takich jak terminale w punktach sprzedaży; przyszłość tej usługi w Holandii jest jednak niepewna. Ponadto X.25 jest nadal intensywnie wykorzystywany w branży lotniczej (zwłaszcza w Azji), chociaż przejście na nowoczesne protokoły, takie jak X.400, nie wchodzi w grę, ponieważ sprzęt X.25 staje się coraz rzadszy i droższy. Dopiero w marcu 2006 r. krajowa sieć wymiany danych w przestrzeni powietrznej wykorzystała X.25 do połączenia zdalnych portów lotniczych z kantorami kontroli ruchu lotniczego.

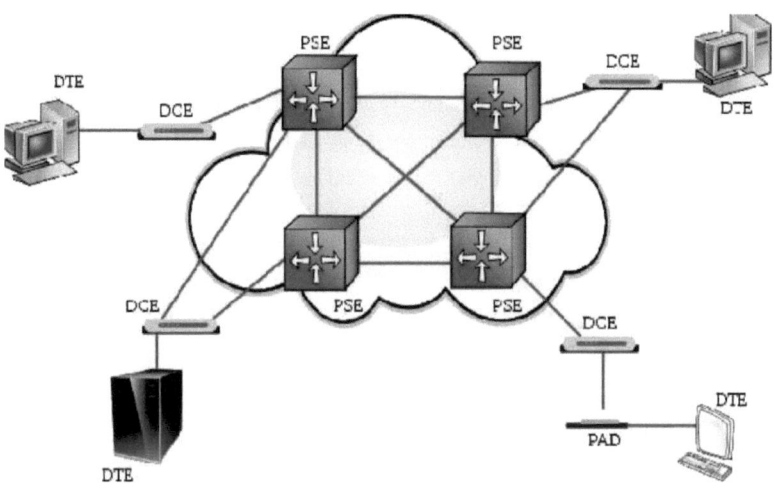

Rys. 2.1 Schemat sieci X.25

2.3.1 ARCHITEKTURA

Ogólna koncepcja X.25 polegała na stworzeniu uniwersalnej i globalnej sieci komutowanej pakietowo. Duża część systemu X.25 to opis rygorystycznej korekty błędów wymaganej do osiągnięcia tego celu oraz bardziej efektywnego podziału kapitałochłonnych zasobów fizycznych.

Specyfikacja X.25 definiuje jedynie interfejs pomiędzy abonentem (DTE) a siecią X.25 (DCE). X.75, protokół bardzo podobny do X.25, definiuje interfejs pomiędzy dwoma sieciami X.25 w celu umożliwienia połączeń w dwóch lub więcej sieciach. X.25 nie określa jak sieć działa wewnętrznie - wiele implementacji sieciowych X.25 używało czegoś bardzo podobnego do X.25 lub X.75 wewnętrznie, ale inne używały zupełnie innych protokołów wewnętrznie. Protokół równoważny ISO z X.25, ISO 8208, jest kompatybilny z X.25, ale umożliwia również bezpośrednie połączenie dwóch urządzeń DTE X.25 bez pośrednictwa sieci. Dzięki oddzieleniu protokołu warstwy pakietowej, ISO 8208 umożliwia pracę w dodatkowych sieciach, takich jak ISO 8802 LLC2 (ISO LAN) i warstwa łącza danych OSI.

7

X.25 pierwotnie zdefiniował trzy podstawowe warstwy protokołu lub warstwy architektury. W pierwotnych specyfikacjach były one nazywane warstwami i miały również numer warstwy, podczas gdy wszystkie zalecenia ITU-T X.25 i normy ISO 8208 opublikowane po 1984 roku określają je jako warstwy. Numery poziomów zostały usunięte, aby uniknąć pomyłek z warstwami modelu OSI.

- Warstwa fizyczna: Ta warstwa określa fizyczne, elektryczne, funkcjonalne i procesowe właściwości inżynieryjne w celu kontroli fizycznego połączenia pomiędzy DTE i DCE. Wspólne wdrożenia wykorzystują X.21, EIA-232, EIA-449 lub inne protokoły szeregowe.

- Warstwa łącza danych: Warstwa łącza danych składa się z procedury dostępu do połączenia dla wymiany danych na połączeniu między DTE a DCE. W swojej implementacji, Link Access Procedure, Balanced (LAPB) jest protokołem łącza danych, który zarządza sesją komunikacyjną i kontroluje ramkę pakietu. Jest to protokół zorientowany bitowo, który zapewnia korektę błędów i uporządkowaną dostawę.

- Packet Layer: Ta warstwa definiuje protokół warstwy pakietowej służący do wymiany pakietów danych sterujących i pakietów danych użytkownika w celu utworzenia sieci przełączanej pakietowo w oparciu o połączenia wirtualne, zgodnie z protokołem Packet Layer Protocol.

Model X.25 opierał się na tradycyjnej koncepcji telefonii, w której niezawodne połączenia były tworzone w sieci współdzielonej, ale z wykorzystaniem oprogramowania do generowania "połączeń wirtualnych" w sieci. Wywołania te łączą "terminale danych" (DTE), które zapewniają użytkownikom punkty końcowe wyglądające jak połączenia punkt-punkt. Każdy punkt końcowy może tworzyć wiele oddzielnych połączeń wirtualnych do różnych punktów końcowych.

Przez krótki czas specyfikacja zawierała również usługę datagramu bez połączenia, ale w kolejnej rewizji została ona zarzucona. Szybki wybór z ograniczoną zdolnością reakcji" jest pomiędzy pełnym ustanowieniem połączenia a komunikacją bez połączenia. Jest on szeroko stosowany w aplikacjach transakcyjnych typu zapytanie-odpowiedź z pojedynczym zapytaniem i odpowiedzią ograniczoną do 128 bajtów danych na ścieżkę. Dane są przekazywane w rozszerzonym pakiecie żądania wywołania, a odpowiedź w rozszerzonym polu pakietu odrzucenia wywołania, przy czym połączenie nigdy nie jest w pełni nawiązane.

Ściśle związane z protokołem X.25 są protokoły służące do podłączania urządzeń asynchronicznych (takich jak ciche terminale i drukarki) do sieci X.25: X.3, X.28 i X.29. Funkcjonalność ta została wykonana przy użyciu urządzenia do montażu/odmontażu pakietów lub PAD (znanego również jako urządzenie Triple-X, które odnosi się do trzech używanych protokołów).

2.3.2 W ODNIESIENIU DO MODELU REFERENCYJNEGO OSI

Chociaż X.25 poprzedza model referencyjny OSI (OSIRM), warstwa fizyczna modelu OSI odpowiada warstwie fizycznej X.25, warstwa łącza danych do warstwy łącza danych X.25, a warstwa sieci do warstwy pakietów X.25. Warstwa łącza danych X.25, LAPB, zapewnia wiarygodną ścieżkę danych nad łączem danych (lub wieloma równoległymi łączami danych, multiłączem), które same w sobie mogą nie być wiarygodne. Warstwa pakietowa X.25 zapewnia mechanizmy wywoływania wirtualnego, które działają na X.25 LAPB. Warstwa pakietowa zapewnia mechanizmy utrzymania połączeń wirtualnych i sygnalizacji błędów danych w przypadku, gdy warstwa łącza danych nie może zostać przywrócona po błędach transmisji danych. Wszystkie z wyjątkiem najwcześniejszych wersji X.25 zawierają urządzenia, które zapewniają adresowanie warstwy sieciowej OSI (adresowanie NSAP, patrz poniżej).

2.3.3 OBSŁUGA URZĄDZEŃ UŻYTKOWNIKA

X.25 został opracowany w epoce cichych terminali podłączanych do komputerów-hostów, choć może być również wykorzystywany do komunikacji między komputerami. Zamiast wybierać "do" komputera macierzystego bezpośrednio - co wymagałoby od komputera macierzystego posiadania własnej puli modemów i linii telefonicznych, a od rozmówców nierezydentów wykonywania połączeń na duże odległości - komputer macierzysty mógłby mieć połączenie X.25 z dostawcą usług sieciowych. Teraz użytkownicy terminali niemych mogliby dzwonić do lokalnego "PAD" (Packet Assembly/Disassembly facility), urządzenia bramowego, które łączy modemy i linie szeregowe z łączem X.25, zdefiniowanym przez standardy X.29 i X.3.

9

Po nawiązaniu połączenia z PAD-em, użytkownik terminala głuchego mówi PAD-owi, do którego hosta ma się podłączyć, podając adres podobny do numeru telefonu w formacie adresu X. 121 (lub podając nazwę hosta, jeśli dostawca usług dopuszcza nazwy zaczynające się od X. 121). 121 adresów). Następnie PAD wykonuje połączenie X.25 do hosta, który ustanawia połączenie wirtualne. Zauważ, że X.25 dostarcza połączeń wirtualnych, co sprawia, że wydaje się być siecią komutowaną, nawet jeśli same dane są wewnętrznie komutowane pakietowo, podobnie jak TCP dostarcza połączeń, nawet jeśli podstawowe dane są komutowane pakietowo. Dwóch hostów X.25 może oczywiście dzwonić do siebie bezpośrednio; w tym przypadku nie jest to związane z PAD-em. Teoretycznie nie ma znaczenia, czy dzwoniący X.25 i cel X.25 są podłączeni do tego samego operatora, ale w praktyce nie zawsze było możliwe wykonywanie połączeń z jednego operatora do drugiego.

Do kontroli przepływu stosowany jest protokół okna przesuwnego o standardowym rozmiarze okna 2, przy czym potwierdzenia mogą mieć znaczenie lokalne lub całościowe. Bit D (bit dostarczania danych) w każdym pakiecie danych wskazuje, czy nadawca wymaga potwierdzenia typu "end-to-end". Jeśli D=1, oznacza to, że potwierdzenie ma znaczenie od końca do końca i może być wysłane dopiero po potwierdzeniu odbioru danych przez zdalny DTE. Jeśli D=0, sieć może (ale nie musi) potwierdzić odbiór zanim zdalny DTE potwierdzi lub nawet odbierze dane.

Podczas gdy funkcja PAD zdefiniowana w X.28 i X.29 obsługiwała specjalnie terminale o charakterze asynchronicznym, odpowiedniki PAD zostały opracowane w celu obsługi szerokiej gamy autorskich inteligentnych urządzeń komunikacyjnych, takich jak te dla IBM System Network Architecture (SNA).

2.3.4 KONTROLA BŁĘDÓW

Procedury korekty błędów na warstwie pakietów zakładają, że warstwa łącza danych jest odpowiedzialna za retransmisję nieprawidłowo odebranych danych. Obsługa błędów w warstwie pakietów skupia się na resynchronizacji przepływu informacji w połączeniach oraz na usuwaniu połączeń, które weszły w stany nieodzyskiwalne:

- Pakiety resetowania poziomu 3, które ponownie inicjują przepływ w wywołaniu wirtualnym (ale nie przerywają wywołania wirtualnego)

10

- Restart pakietu, który kasuje wszystkie połączenia wirtualne na połączeniu danych i resetuje wszystkie stałe połączenia wirtualne na połączeniu danych

2.3.5 ADRESOWANIE I OBWODY WIRTUALNE

X.25 obsługuje dwa typy obwodów wirtualnych: Virtual Call (VC) i Permanent Virtual Circuits (PVC). Połączenia wirtualne są zestawiane na żądanie. Na przykład, VC jest ustawiany podczas nawiązywania połączenia i usuwany po jego zakończeniu. VC są konfigurowane za pomocą procedury konfiguracji i kasowania połączeń. Stałe obwody wirtualne, z drugiej strony, są wstępnie skonfigurowane w sieci. PCW są rzadko odłączane i dlatego też ustanawiają dedykowane połączenie pomiędzy punktami końcowymi. Wywołania wirtualne były również powszechnie nazywane Przełączanymi Obwodami Wirtualnymi (SVC).

VC można skonfigurować za pomocą adresów X.121. Adres X.121 składa się z trzycyfrowego kodu kraju danych (DCC) oraz cyfry sieci, które razem tworzą czterocyfrowy kod identyfikacji sieci danych (DNIC), po którym następuje krajowy numer terminalu (NTN) z maksymalnie dziesięcioma cyframi. Należy zwrócić uwagę na użycie jednej cyfry sieci, która wydaje się pozwalać tylko 10 operatorom sieci na kraj, ale niektórym krajom przypisano więcej niż jeden DCC w celu obejścia tego ograniczenia. Sieci często wykorzystywały do routingu mniej niż pełne cyfry NTN i podawały abonentowi cyfry zastępcze (czasami nazywane subadresami), gdzie mogły być wykorzystane do identyfikacji aplikacji lub do dalszego routingu w sieciach abonenta.

Funkcja adresowania NSAP została dodana podczas rewizji specyfikacji X.25 (1984 r.), co umożliwiło lepsze spełnienie przez X.25 wymogów usługi OSI Connection OrientedNetwork Service (CONS). Sieci publiczne X.25 nie były zobowiązane do korzystania z adresów NSAP, ale w celu wsparcia OSI CONS musiały w przejrzysty sposób przekazywać adresy NSAP i inne urządzenia DTE określone przez ITU-T z DTE do DTE. Późniejsze zmiany umożliwiły przeniesienie wielu adresów oprócz adresów X.121 na tym samym interfejsie DTE-DCE: adresowanie teleksów (F.69), adresowanie PSTN (E.163), adresowanie ISDN (E.164), adresy protokołu internetowego (IANA ICP) oraz lokalne adresy MAC IEEE 802.2.

PCW są mocno osadzone w sieci i dlatego nie wymagają używania adresów do

11

nawiązywania połączeń. PCW są identyfikowane na interfejsie abonenckim za pomocą logicznego identyfikatora kanału. W praktyce jednak niewiele krajowych sieci X.25 wspiera PCW.

Interfejs DTE-DCE do sieci X.25 posiada maksymalnie 4095 kanałów logicznych, na których mogą być ustanawiane połączenia wirtualne i stałe połączenia wirtualne, chociaż nie oczekuje się, aby sieci obsługiwały pełne 4095 połączeń wirtualnych. Aby zidentyfikować kanał, do którego przypisany jest pakiet, każdy pakiet zawiera 12-bitowy identyfikator kanału logicznego składający się z 8-bitowego numeru kanału logicznego i 4-bitowego numeru grupy kanałów logicznych. Logiczne identyfikatory kanałów pozostają przypisane do obwodu wirtualnego na czas trwania połączenia. Logiczne identyfikatory kanału identyfikują konkretny kanał logiczny pomiędzy DTE (urządzeniem abonenckim) a DCE (siecią) i mają tylko lokalne znaczenie na połączeniu między abonentem a siecią. Drugiemu końcowi połączenia w zdalnym DTE został prawdopodobnie przypisany inny logiczny identyfikator kanału. Zakres możliwych kanałów logicznych jest podzielony na 4 grupy: Kanały przypisane do stałych połączeń wirtualnych przypisanych do przychodzących połączeń wirtualnych, dwukierunkowych (przychodzących lub wychodzących) połączeń wirtualnych oraz wychodzących połączeń wirtualnych. (Kierunki odnoszą się do kierunku inicjowania połączenia wirtualnego z punktu widzenia DTE - wszystkie niosą dane w obu kierunkach). Zakresy te pozwalały na skonfigurowanie abonenta do obsługi znacznie różnej liczby połączeń w każdym kierunku, przy czym niektóre kanały były zarezerwowane dla połączeń w jednym kierunku. Wszystkie sieci międzynarodowe muszą wdrożyć obsługę stałych połączeń wirtualnych, dwukierunkowych kanałów logicznych i jednokierunkowych kanałów logicznych w kierunku wychodzącym; jednokierunkowe kanały logiczne w kierunku przychodzącym są dodatkową opcjonalną funkcją. Interfejsy DTE-DCE nie są wymagane do obsługi więcej niż jednego kanału logicznego. Logiczny identyfikator kanału zero nie jest przypisany do stałego połączenia wirtualnego lub połączenia wirtualnego. Logiczny identyfikator kanału zero jest używany dla pakietów, które nie są związane z konkretnym połączeniem wirtualnym (np. restart warstwy pakietów, rejestracja i pakiety diagnostyczne).

2.3.6 RACHUNEK

W sieciach publicznych, X.25 był zazwyczaj naliczany jako miesięczna opłata zryczałtowana, która zależała od prędkości połączenia, a następnie dodatkowa cena za segment. Prędkości połączeń były różne, zazwyczaj od 2400 bps do 2 Mbps, chociaż prędkości powyżej 64 kbps nie były powszechne w sieciach publicznych. Segment zawierał 64 bajty danych (zaokrąglone w górę, bez przenoszenia międzypakietowego), które były rozliczane na rzecz dzwoniącego (lub na rzecz strony wywoływanej w przypadku połączeń rozliczanych wstecz, jeśli były obsługiwane). Połączenia przy użyciu funkcji Fast Select (która pozwala na uzyskanie 128 bajtów danych w fazie zapytania o połączenie, potwierdzenia połączenia i obsługi połączenia) byłyby z reguły obciążone dopłatą, podobnie jak niektóre inne funkcje X.25. PCW miałyby miesięczną opłatę za wynajem i niższą cenę za segment niż VC, co czyni je tańszymi tylko w przypadku transferu dużych ilości danych.

2.3.7 X.25 SZCZEGÓŁY

Sieć może pozwolić na wybór maksymalnej długości w zakresie od 16 do 4096 oktetów (tylko wartości 2n) dla każdego wirtualnego obwodu poprzez negocjacje w ramach konfiguracji połączenia. Maksymalna długość może być różna na dwóch końcach połączenia wirtualnego.

- Terminale danych konstruują pakiety kontrolne, które są zamknięte w pakietach danych. Pakiety są wysyłane do urządzenia do transmisji danych za pomocą protokołu LAPB.
- Terminale transmisji danych usuwają nagłówki warstwy 2 w celu enkapsulacji pakietów w wewnętrznym protokole sieciowym.

2.3.8 X.25 OBIEKTY

X.25 oferuje szereg udogodnień dla użytkowników określonych i opisanych w zaleceniu ITU-T
X.2 Obiekty użytkownika X.2 mogą być podzielone na pięć kategorii:

- niezbędne udogodnienia;
- dodatkowe udogodnienia;

- kondycjonowane obiekty;
- obowiązkowe udogodnienia; oraz,
- wyposażenie opcjonalne.

X.25 zapewnia także X.25 oraz określone przez ITU-T opcjonalne udogodnienia dla użytkowników DTE, które są zdefiniowane i opisane w zaleceniu X.7 ITU-T. Opcjonalne udogodnienia dla użytkowników X.7 dzielą się na cztery kategorie udogodnień dla użytkowników, które są wymagane

- Tylko subskrypcja;
- Subskrypcja, po której następuje dynamiczne połączenie;
- abonament lub połączenie dynamiczne; oraz,
- Tylko dynamiczna rozmowa.

2.3.9 X.25 WERSJE PROTOKOŁU

Wersje specyfikacji protokołu CCITT/ITU-T są przeznaczone dla publicznych sieci danych (PDN). Wersje ISO/IEC dotyczą dodatkowych funkcji dla sieci prywatnych (np. wykorzystanie w sieciach lokalnych (LAN)), przy zachowaniu zgodności ze specyfikacją CCITT/ITU-T.

Funkcje użytkownika i inne funkcje obsługiwane przez każdą z wersji X.25 i ISO/IEC 8208 różniły się w zależności od wydania. Istnieje kilka głównych wersji protokołu X.25:

- Zalecenie CCITT X.25 (1976) Pomarańczowa księga
- Zalecenie CCITT X.25 (1980) Żółta księga
- Zalecenie CCITT X.25 (1984) Czerwona księga
- Zalecenie CCITT X.25 (1988) Niebieska księga
- Zalecenie ITU-T X.25 (1993) Biała Księga®₁.
- Zalecenie ITU-T X.25 (1996) Szara Księga39₁.

Zalecenie X.25 pozostawia wiele opcji do wyboru dla każdej sieci przy podejmowaniu decyzji o tym, które funkcje mają być obsługiwane i jak wykonywać pewne operacje. Oznacza to, że każda sieć musi opublikować osobny dokument określający jej implementację X.25, a większość sieci wymaga od producentów sprzętu DTE przeprowadzenia testów zgodności z protokołem, w tym testów, aby ściśle przestrzegali

14

i egzekwowali swoje opcje specyficzne dla sieci. (Operatorzy sieci byli szczególnie zaniepokojeni możliwością, że wadliwie działające lub źle skonfigurowane urządzenie DTE może usunąć część sieci i wpłynąć na innych abonentów). Dlatego urządzenia DTE abonentów muszą być skonfigurowane tak, aby spełniały specyfikacje sieci, do której są podłączone. Większość z tych urządzeń różni się od siebie na tyle, że uniemożliwiają one współpracę, jeśli abonent nie konfiguruje prawidłowo swojego urządzenia lub jeśli producent urządzenia nie zapewnia konkretnej obsługi tej sieci. Pomimo testów zgodności z protokołem, często powodowało to problemy ze współpracą, gdy urządzenie było po raz pierwszy podłączone do sieci. Stanowi to zdecydowany kontrast w stosunku do zasady solidności stosowanej w rodzinie protokołów internetowych.

Sieci publiczne przyjęły wcześniejsze wersje protokołu, ale niechętnie dokonywały modernizacji w obawie przed problemami z kompatybilnością z abonentami i w celu uzasadnienia kosztów. Ostatecznie większość sieci publicznych zakończyła działalność na mniej więcej tym samym poziomie co X.25 (1980), z niektórymi częściami X.25 (1984). Prywatne sieci zaczęły używać X.25 później i były bardziej skłonne do modernizacji, a wiele z nich uruchomiło coś bliższego X.25 (1984) z kilkoma funkcjami X.25 (1988)! Około 1990 roku wszyscy główni dostawcy przełączników sieciowych zaprzestali rozwoju X.25 i nie było znaczących wdrożeń wersji protokołu z 1993 i 1996 roku.

Pierwsza międzynarodowa standardowa sieć komutacji pakietów została opracowana na początku lat 70. i opublikowana w 1976 roku przez CCITT (obecnie ITU). X.25 miał stać się ogólnoświatową publiczną siecią danych, podobną do globalnego systemu telefonii głosowej, ale nigdy się nie zmaterializował z powodu niezgodności i braku zainteresowania w USA. Używany był głównie poza USA do zastosowań o niskiej prędkości (do 56 Kbps), takich jak sprawdzanie kart kredytowych, bankomaty i inne transakcje finansowe. Jest on również stosowany w sieciach sygnalizacyjnych w systemach komórkowych pierwszej generacji.

X.25 dostarcza technologię zorientowaną na połączenia do transmisji za pomocą urządzeń o wysokim stopniu podatności na błędy, co było bardziej powszechne w momencie jej wprowadzenia. Sprawdzanie błędów jest wykonywane w każdym węźle, co może spowolnić ogólną przepustowość i spowodować, że X.25 nie będzie w stanie

15

obsługiwać głosu i obrazu w czasie rzeczywistym. W Stanach Zjednoczonych łącza dzierżawione T1 dla biur współpracujących w Internecie są preferowane zamiast publicznych sieci danych. Jednakże, Frame Relay, wzorowany na X.25, okazał się skuteczny jako technologia sieci publicznej transmisji danych, spełniając wysokie wymagania dzisiejszych organizacji w zakresie przepustowości.

Dwa końce lub strony połączenia X.25 są identyfikowane za pomocą nazw DTE i DCE. Skróty te oznaczają Urządzenia Terminali Danych (użytkownik sieci) oraz Urządzenia Zakończające Obwody Danych (dostęp zapewniony przez sieć). Niestety, nazwy te są również używane w innym celu na poziomie elektrycznym, i ważne jest, aby upewnić się, który poziom ma znaczenie, gdy jedna z tych nazw jest używana. X.25 definiuje tylko jeden protokół pomiędzy siecią a użytkownikiem sieci. Nie definiuje on protokołu pomiędzy węzłami w sieci.

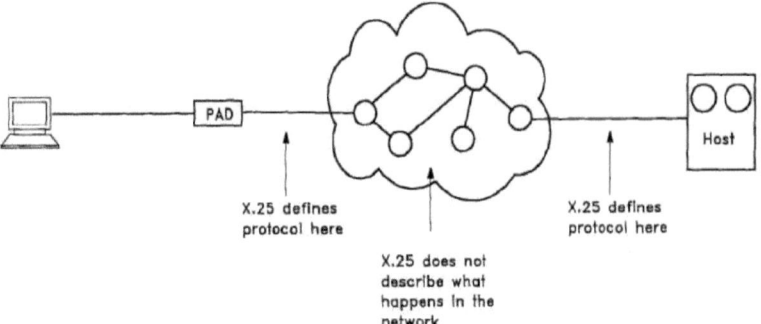

Rys. 2.2 X.25 definiuje protokół pomiędzy użytkownikiem sieci a samą siecią; Dawka nie określa sposobu przesyłania danych w sieci.

Mówiąc dokładniej, sieć X.25 to taka, która implementuje X.25 dla swoich użytkowników. Wiele sieci X.25 jest wdrażanych za pomocą protokołów X.25 pomiędzy . Ważne jest, aby zdać sobie sprawę, że nie jest to wymóg dla X.25, i są ku temu wady. W sieci znajduje się punkt dostępowy - DCE - do którego użytkownik może podłączyć DTE. Po osiągnięciu interfejsu, DTE i DCE mogą wymieniać jednostki protokołu X.25. Połączenie pomiędzy dwoma węzłami w sieci zaimplementowanej za pomocą protokołu X.25 ma dowolne przypisanie DTE i DCE, ale każdy z nich ma jeden.

2.4 RAMA RATIO

[4] Szybki protokół przełączania pakietów stosowany w sieciach rozległych (WAN).

Dostarcza on usługę granulatu z prędkością do DS3 (45 Mb/s) i stał się popularny w połączeniach LAN-to-LAN na odległych odległościach, a usługi są oferowane przez większość głównych operatorów sieci.

Frame Relay (FR) jest znacznie szybszy niż X.25, pierwszy standard WAN z przełączaniem pakietów, ponieważ Frame Relay został zaprojektowany z myślą o niezawodnych układach i wykonuje mniej błędów wykrywania (X.25 nigdy nie był szeroko stosowany w USA). Frame Relay nie przetwarza pakietów, lecz kieruje je z portu wejściowego przełącznika do portu wyjściowego, stąd nazwa.

2.4.1 FRAD (URZĄDZENIE DOSTĘPU DO PRZEKAŹNIKA RAMOWEGO)

Połączenie z siecią Frame Relay odbywa się poprzez FRAD u klienta, który może być oddzielnym urządzeniem lub oprogramowaniem w routerze. FRAD jest podłączony poprzez interfejs użytkownika do sieci (UNI) do portu switcha w sieci dostawcy usług. Cały ruch danych dla klienta zazwyczaj odbywa się na tej samej linii, co zazwyczaj jest wielokrotnością 64 Kbps. Przełączniki przekaźnikowe ramki łączą się poprzez linie punkt-punkt lub szkielet bankomatu.

2.4.2 OBWODY STAŁE I PRZEŁĄCZANE

Przekaźnik ramowy zapewnia stałe obwody wirtualne (PCW) i przełączane obwody wirtualne (SVC). Są to połączenia logiczne dostarczane z wyprzedzeniem (PCW) lub na żądanie (SVC).

Połączenia są identyfikowane za pomocą numeru DLCI (Data Link Connection Identifier), który jest istotny tylko dla lokalnego przełącznika FR, który zmienia numer podczas przekazywania pakietu do miejsca docelowego. Przełącznik odbiorczy używa innego numeru DLCI dla swojego końca tego samego połączenia. Każde DLCI wymaga wskaźnika CIR (ang. Committed Information Rate), który jest zobowiązaniem sieci do zapewnienia określonej zdolności przesyłowej dla danego połączenia. CIR-y są regulowane z doświadczeniem.

17

2.4.3 GŁOSOWOŚĆ NA FR

Głos może być pakowany w taki sposób, że jest transmitowany przez sieć przekaźników klatkowych, co w zależności od konfiguracji sieci często pozwala na znaczne oszczędności kosztów przy pewnej utracie jakości głosu. W 1998 roku Frame Relay Forum uzupełniło specyfikację Voice Over FR. FRF.11 definiuje formaty, a FRF.12 dzieli duże ramki, aby przeplatać transmisję głosową w czasie rzeczywistym z danymi na wolnych połączeniach.

2.4.4 DOSKONAŁY ZASÓB

"Frame Relay for High Speed Networks" Waltera Goralskiego to lektura obowiązkowa, aby dowiedzieć się nie tylko o Frame Relay, ale ogólnie o Wide Area Networking. Goralski zajmuje się historią, trendami i związanymi z nimi technologiami sieciowymi.

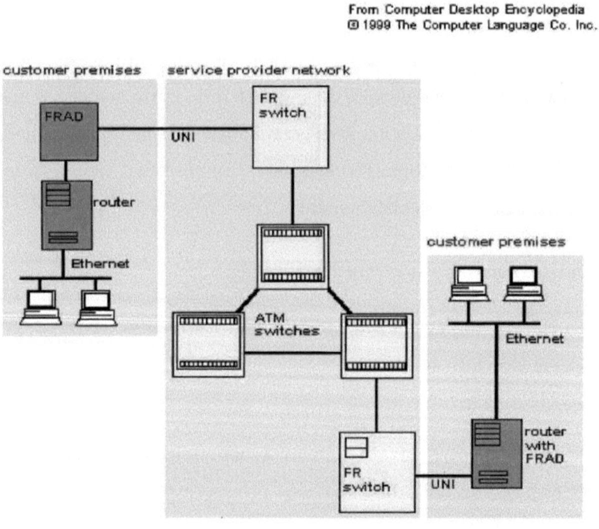

From Computer Desktop Encyclopedia
© 1999 The Computer Language Co. Inc.

Rys. 2.3 Strona klienta i dostawcy usług sieci Frame Relay

Ta ilustracja przedstawia klienta i dostawcę usług w sieci Frame Relay. Przedstawiony jest szkielet ATM, ponieważ jest to powszechna metoda podłączania przełączników FR. FRAD może być oddzielnym urządzeniem (lewa strona rysunku) lub oprogramowaniem wbudowanym w router (prawa strona).

18

Frame Relay jest znormalizowaną technologią WAN, która określa fizyczne i logiczne warstwy połączeń cyfrowych kanałów telekomunikacyjnych za pomocą metody komutacji pakietów. Pierwotnie przeznaczony do transportu przez infrastrukturę ISDN (Integrated Services Digital Network), obecnie może być używany w połączeniu z wieloma innymi interfejsami sieciowymi. Dostawcy sieci zazwyczaj wdrażają Frame Relay dla głosu (VoFR) i danych jako technikę enkapsulacji stosowaną między sieciami lokalnymi (LAN) w sieci rozległej (WAN). Każdy użytkownik końcowy ma do dyspozycji linię prywatną (lub dzierżawioną) do węzła przekaźnika ramkowego. Sieć przekaźników klatkowych obsługuje transmisję na często zmieniającej się ścieżce, która jest przejrzysta dla wszystkich użytkowników końcowych.

Wraz z pojawieniem się technologii Ethernet over fibre, MPLS, VPN i dedykowanych usług szerokopasmowych, takich jak modem kablowy i DSL, koniec protokołu przekaźnika ramowego i enkapsulacji może być w zasięgu wzroku. Jednak na wielu obszarach wiejskich nadal brakuje usług DSL i modemów kablowych. W takich przypadkach najtańszą formą połączenia bezdotykowego pozostaje linia przekaźnika ramowego 64 kbit/s. Na przykład, sieć detaliczna może wykorzystać Frame Relay do połączenia sklepów wiejskich z firmową siecią WAN.

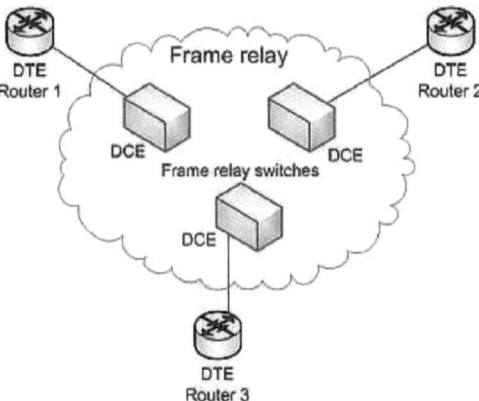

Rys. 2.4 Podstawowa sieć przekaźników ramowych

Twórcy Frame Relay postawili sobie za cel stworzenie usługi telekomunikacyjnej umożliwiającej efektywną kosztowo transmisję danych dla ruchu przerywanego pomiędzy sieciami lokalnymi (LAN) oraz pomiędzy punktami końcowymi w sieci

19

rozległej (WAN). Frame Relay przechowuje dane w jednostkach o zmiennej wielkości zwanych "ramkami" i pozostawia niezbędną korektę błędów (np. retransmisję danych) do punktów końcowych. Przyspiesza to ogólną transmisję danych. Dla większości usług sieć zapewnia stałe połączenie wirtualne (PCW), co oznacza, że klient widzi ciągłe, dedykowane połączenie bez konieczności płacenia za dzierżawę łącza w pełnym wymiarze godzin, podczas gdy dostawca usług oblicza trasę każdej ramki do miejsca przeznaczenia i może rozliczać się w zależności od zużycia.

Firma może wybrać poziom jakości usług poprzez nadanie priorytetu niektórym ramom i zmniejszenie znaczenia innym. Przekaźnik ramowy może pracować w systemach nośnych Fractional T-1 lub Full T. Frame Relay uzupełnia i zapewnia średni zasięg usługi między ISDN z podstawową prędkością, która oferuje przepustowość 128 kbps, i Asynchronous Transfer Mode (ATM), który działa podobnie jak Frame Relay, ale z prędkością od 155,520 Mbps do 622,080 Mbps.

Frame Relay ma swoje podstawy techniczne w starszej technologii przełączania pakietów X. 25, która jest przeznaczona do transmisji danych na analogowych liniach głosowych. W przeciwieństwie do X.25, którego twórcy oczekiwali sygnałów analogowych, Frame Relay zapewnia technologię szybkiego przełączania pakietów, tzn. protokół nie próbuje korygować błędów. Gdy sieć Frame Relay wykryje błąd w ramce, ramka jest po prostu odrzucana. Punkty końcowe są odpowiedzialne za wykrywanie i przekazywanie utraconych ramek. (Jednakże, sieci cyfrowe oferują bardzo niski poziom błędów w porównaniu z sieciami analogowymi).

Frame Relay jest często używany do łączenia sieci lokalnych (LAN) z ważnymi sieciami szkieletowymi, jak również w publicznych sieciach rozległych (WAN), a także w prywatnych środowiskach sieciowych z łączami dzierżawionymi na łączach T-1. Wymaga ono dedykowanego połączenia w czasie transmisji. Przekaźnik ramowy nie zapewnia idealnej ścieżki dla transmisji głosu lub obrazu, które w obu przypadkach wymagają stałego przepływu transmisji. Jednak w pewnych okolicznościach przekaźnik ramowy jest używany do transmisji głosu i obrazu.

Frame Relay pojawił się jako rozszerzenie sieci cyfrowej zintegrowanych usług (ISDN). Jego twórcy dążyli do tego, aby umożliwić sieci komutowanej pakietowo transportowanie technologii komutowanej obwodowo. Technologia ta stała się niezależnym i ekonomicznym sposobem tworzenia sieci WAN.

Przełączniki przekaźnikowe ramkowe tworzą wirtualne obwody do podłączenia zdalnych sieci LAN do sieci WAN. Sieć typu frame relay znajduje się pomiędzy urządzeniem brzegowym sieci LAN, zazwyczaj routerem, a przełącznikiem nośnym. Technologia wykorzystywana przez przewoźnika do transportu danych pomiędzy zwrotnicami jest różna i może się różnić w zależności od przewoźnika (tzn. praktyczne wdrożenie przekaźnika ramowego nie musi polegać wyłącznie na jego własnym mechanizmie transportowym).

Zaawansowanie technologii wymaga dogłębnego zrozumienia terminów używanych do opisania sposobu działania przekaźnika ramowego. Bez solidnego zrozumienia systemu Frame Relay, trudno jest ocenić wydajność systemu Frame Relay.

Frame Relay stał się jednym z najczęściej używanych protokołów WAN. Jego taniość (w porównaniu z liniami dzierżawionymi) była jedną z przyczyn jego popularności. Niezwykle prosta konfiguracja urządzeń użytkownika w sieci Frame Relay jest kolejnym powodem popularności Frame Relay.

Konstrukcja ramy przekaźnika ramowego zasadniczo odzwierciedla prawie dokładnie to, co zostało zdefiniowane dla LAP-D. Analiza ruchu pozwala na odróżnienie formatu przekaźnika ramki od LAP-D przez brak pola kontrolnego.

Każda jednostka danych protokołu ramowego (Frame Relay Protocol data unit - PDU) składa się z następujących pól:

1. **Pole wyboru**. Flaga służy do wykonywania wysokopoziomowej synchronizacji łącza danych, która wskazuje początek i koniec ramki z unikalnym wzorem 01111110. W celu zapewnienia, że wzór 01111110 nie pojawi się nigdzie w ramce, stosuje się procedury wypełniania bitów i wypełniania.

2. **Pole adresowe**. Każde pole adresu może zajmować oktet 2 do 3, oktet 2 do 4 lub oktet 2 do 5, w zależności od zakresu używanego adresu. Dwuoktetowe pole adresu składa się z EA=ADDRESS FIELD EXTENSION BITS oraz C/R=COMMAND/RESPONSE BITS.

    a. Bity identyfikacyjne połączenia łącza danych DLCI. DLCI służy do identyfikacji wirtualnego łącza, dzięki czemu strona otrzymująca wie, do którego łącza informacyjnego należy ramka. Należy pamiętać, że to DLCI ma tylko lokalne znaczenie. Pojedynczy kanał fizyczny może

21

multipleksować kilka różnych połączeń wirtualnych.

b. **FECN, BECN, DE Bits.** Te bity donoszą o przeciążeniu:

c. **FECN = Forward** Explicit Congestion Notification Bit

d. **BECN=Bit dla** wyraźnego powiadomienia o zacięciu **w tył**

e. **DE=Bit** kwalifikacji dysku

3. **Skrzynka informacyjna.** Parametr systemowy określa maksymalną liczbę bajtów danych, które host może zapakować w jedną ramkę. Gospodarze mogą negocjować rzeczywistą maksymalną długość ramki w momencie nawiązywania połączenia. Wartość domyślna określa maksymalny rozmiar pola informacyjnego (który może być obsługiwany przez każdą sieć) jako co najmniej 262 oktety. Ponieważ protokoły typu end-to-end zazwyczaj opierają się na większych jednostkach informacji, Frame Relay zaleca, aby sieć obsługiwała maksymalną wartość co najmniej 1600 oktetów, aby uniknąć segmentacji i ponownego montażu przez użytkowników końcowych.

4. **Pole Frame Check Sequence (FCS).** Ponieważ nie jest możliwe całkowite zignorowanie bitowej stopy błędów medium, każdy węzeł przełączający musi zaimplementować funkcję wykrywania błędów, aby uniknąć marnowania przepustowości poprzez przesyłanie wadliwych ramek. Mechanizm wykrywania błędów stosowany w Frame Relay wykorzystuje jako podstawę cykliczną kontrolę nadmiarowości (CRC).

Sieć Frame Relay używa uproszczonego protokołu w każdym węźle przełączającym. Prostotę osiągnięto poprzez wyeliminowanie konieczności kontroli przepływu "link-by-link". W związku z tym oferowane obciążenie w dużej mierze zdeterminowało wydajność sieci przekaźników ramowych. Jeśli oferowane obciążenie jest wysokie z powodu wybuchów w niektórych usługach, tymczasowe przeciążenie w niektórych węzłach przekaźnika ramowego spowoduje załamanie przepustowości sieci. Dlatego też sieci przekaźników ramowych wymagają pewnych skutecznych mechanizmów kontroli ograniczeń przesyłowych.

Kontrola przeciążenia w sieciach przekaźników ramowych obejmuje następujące elementy:

1. **Kontrola wjazdowa.** Jest to główny mechanizm stosowany w przekaźniku ramowym w celu zagwarantowania zapotrzebowania na zasoby po akceptacji. Jest on również powszechnie stosowany w celu osiągnięcia wysokiej wydajności

sieci. Sieć decyduje o tym, czy przyjąć nowy wniosek o połączenie w oparciu o relację pomiędzy żądanym deskryptorem ruchu a pozostałą przepustowością sieci. Deskryptor ruchu składa się z zestawu parametrów, które są przekazywane do węzłów przełączających w momencie nawiązania połączenia lub w momencie abonamentu usługi i które charakteryzują właściwości statystyczne połączenia. Deskryptor ruchu składa się z trzech elementów:

2. **Stawka za informację poufną (CIR).** Średnia prędkość (w bitach/s), przy której sieć gwarantuje transmisję jednostek informacyjnych w przedziale pomiarowym T. Ten interwał T jest zdefiniowany jako: $T = Bc/CIR$.

3. **Bound Burst Size (BC).** Maksymalna liczba jednostek informacyjnych, które mogą być przesyłane w odstępie T.

4. **Excess Burst Size (BE).** Maksymalna liczba niezwiązanych jednostek informacyjnych (w bitach), które sieć próbuje przesłać w danym przedziale czasu.

Po nawiązaniu połączenia, węzeł brzegowy sieci Frame Relay musi monitorować przepływ ruchu w ramach połączenia, aby zapewnić, że rzeczywiste wykorzystanie zasobów sieciowych nie przekracza niniejszej specyfikacji. Przekaźnik ramowy definiuje pewne ograniczenia dotyczące szybkości przesyłania informacji przez użytkownika. Pozwala to sieci na egzekwowanie wskaźnika informacji o użytkowniku końcowym i odrzucenie informacji o przekroczeniu subskrybowanego wskaźnika dostępu.

Jako politykę unikania zatorów proponuje się wyraźne powiadamianie o zatorach. Próbuje on utrzymać sieć w pożądanym punkcie równowagi, tak aby można było osiągnąć pewną jakość usług (QoS) dla sieci. W tym celu do pola adresowego przekaźnika ramowego włączono specjalne bity sterujące przeciążeniem: FECN i BECN. Podstawową ideą jest unikanie gromadzenia danych w sieci. FECN oznacza Forward Explicit Congestion Notification. Bit FECN może być ustawiony na 1, aby wskazywać, że wystąpiło zator w kierunku transmisji ramowej, tak aby informować miejsce przeznaczenia o wystąpieniu zatoru. BECN oznacza wsteczne Wyraźne Powiadomienie o Ograniczeniu Ruchu. Bit BECN może być ustawiony na 1, aby wskazywał, że wystąpiło przeciążenie w sieci w przeciwnym kierunku transmisji ramowej, tak aby informował nadawcę o wystąpieniu przeciążenia.

2.4.5 PRZEKAŹNIK RAMOWY NAPRZECIWKO X.25

X.25 zapewnia jakość usług i bezbłędną dostawę, natomiast Frame Relay został zaprojektowany do jak najszybszej transmisji danych w sieciach o niskim poziomie błędów. Przekaźnik ramowy eliminuje szereg procedur i pól wyższego poziomu stosowanych w X.25. Przekaźnik ramowy jest przeznaczony do stosowania w połączeniach o współczynniku błędu znacznie niższym niż dostępny w momencie opracowywania X.25.

X.25 przygotowuje i wysyła pakiety, podczas gdy Frame Relay przygotowuje i wysyła ramki. Pakiety X.25 zawierają kilka pól sprawdzania błędów i kontroli przepływu, z których większość nie jest używana przez przekaźnik ramowy. Ramki w Frame Relay zawierają rozszerzone pole adresu warstwy łącza, które umożliwia węzłom Frame Relay kierowanie ramek do miejsc docelowych przy minimalnym przetwarzaniu. Wyeliminowanie funkcji i pól za pomocą X.25 pozwala na szybszy transfer danych, ale pozostawia więcej miejsca na błędy i dłuższe opóźnienia, jeśli dane muszą być retransmitowane.

Sieci komutacji pakietów X.25 zazwyczaj przydzielają stałe pasmo w całej sieci dla każdego dostępu X.25, niezależnie od bieżącego obciążenia. Chociaż to podejście do alokacji zasobów jest odpowiednie dla wniosków, które wymagają gwarantowanej jakości usług, jest ono nieefektywne w przypadku wniosków, które są bardzo dynamiczne pod względem charakterystyki obciążenia lub które skorzystałyby na bardziej dynamicznym przydziale zasobów. Sieci przekaźnikowe mogą dynamicznie przydzielać pasmo zarówno na poziomie kanału fizycznego, jak i logicznego.

2.4.6 OBWODY WIRTUALNE

Jako protokół WAN, Frame Relay jest najczęściej implementowany na warstwie 2 (warstwa łącza danych) siedmiowarstwowego modelu Open Systems Interconnection (OSI). Istnieją dwa rodzaje linii: stałe obwody wirtualne (PCW), które są wykorzystywane do tworzenia logicznych połączeń end-to-end, które są mapowane w sieci fizycznej, oraz przełączane obwody wirtualne (SVC). Te ostatnie są analogiczne do koncepcji przełączania obwodów publicznej komutowanej sieci telefonicznej (PSTN), czyli globalnej sieci telefonicznej.

24

2.4.7 POCHODZENIE PRZEKAŹNIKA RAMOWEGO

Frame Relay rozpoczął się jako odchudzona wersja protokołu X.25 i uwolnił się od ciężaru korekty błędów najczęściej związanych z X.25. Gdy Frame Relay wykryje błąd, po prostu upuszcza wadliwy pakiet. Frame Relay wykorzystuje koncepcję współdzielonego dostępu i opiera się na technice znanej jako "best-effort", gdzie korekta błędów praktycznie nie istnieje i nie ma praktycznie żadnej gwarancji niezawodnego dostarczania danych. Frame Relay oferuje standardową w branży enkapsulację, która wykorzystuje zalety technologii szybkiego przełączania pakietów, która jest w stanie obsłużyć wiele wirtualnych połączeń i protokołów pomiędzy podłączonymi urządzeniami, takimi jak dwa routery.

2.4.8 LOKALNY INTERFEJS ZARZĄDZANIA (LMI)

Wstępne propozycje dotyczące przekaźnika ramowego zostały przedstawione Komitetowi Konsultacyjnemu ds. Telefonii i Telegrafii Międzynarodowej (CCITT) w 1984 roku. Brak interoperacyjności i standaryzacji uniemożliwił znaczne wprowadzenie przekaźnika ramowego do 1990 r., kiedy to Cisco, Digital Equipment Corporation (DEC), Northern Telecom i StrataCom utworzyły konsorcjum, które miało skupić się na rozwoju przekaźnika ramowego. Opracowali oni protokół, który zapewnił dodatkowe możliwości dla złożonych środowisk międzysieciowych. Te rozszerzenia przekaźników ramkowych są nazywane lokalnym interfejsem zarządzania (LMI).

Datalink Connection Identifiers (DLCIs) to numery, które odnoszą się do ścieżek w sieci Frame Relay. Mają one znaczenie tylko lokalnie, tzn. jeśli Device-A wysyła dane do Device-B, to najprawdopodobniej do odpowiedzi używa innego DLCI niż Device-B. Wiele wirtualnych obwodów może być aktywnych na tych samych fizycznych punktach końcowych (przy użyciu podpowiedzi).

Rozszerzenie globalnego adresowania LMI nadaje wartościom DLCI (Frame Relay Data-Link Connection Identifier) znaczenie globalne, a nie lokalne. Wartości DLCI stają się adresami DTE, które są unikalne w przekaźniku ramkowym WAN. Rozszerzenie globalnego adresowania dodaje funkcjonalności i możliwości zarządzania sieciami internetowymi Frame Relay. Na przykład poszczególne interfejsy sieciowe i związane z nimi węzły końcowe mogą być identyfikowane za pomocą standardowych technik rozdzielania i wykrywania adresów. Co więcej, cała sieć Frame Relay wydaje się być typową siecią LAN dla routerów na swoich peryferiach.

Komunikaty o stanie obwodów wirtualnych LMI umożliwiają komunikację i synchronizację pomiędzy urządzeniami Frame Relay DTE i DCE. Komunikaty te są wykorzystywane do okresowego raportowania statusu PCW, co zapobiega przesyłaniu danych do czarnych dziur (tj. nieistniejących już PCW).

Rozszerzenie LMI Multicasting Extension pozwala na przydzielanie grup multicastingu. Multicasting oszczędza pasmo, ponieważ aktualizacje routingu i wiadomości rozwiązujące adres mogą być wysyłane tylko do określonych grup routerów. Rozszerzenie przekazuje również raporty o stanie grup Multicast w komunikatach aktualizujących.

2.4.9 OPRAWIONY WSKAŹNIK INFORMACYJNY (CIR)

Połączenia typu Frame Relay często otrzymują stałą przepustowość informacyjną (CIR) oraz dodatek o niestabilnej szerokości pasma, znany jako rozszerzona przepustowość informacyjna (EIR). Dostawca gwarantuje, że połączenie będzie zawsze obsługiwać stawkę CIR, a czasami EIR, jeśli dostępna jest wystarczająca przepustowość. Ramki wysyłane po przekroczeniu szybkości CIR są oznaczone jako wyrzucane (DE), co oznacza, że mogą zostać wyrzucone w przypadku przeciążenia sieci przekaźników ramek. Ramki, które są wysyłane po przekroczeniu wskaźnika EIR, są natychmiast odrzucane.

2.4.10 RENOMA RYNKOWA

Frame Relay miał na celu bardziej efektywne wykorzystanie istniejących zasobów fizycznych i umożliwił firmom telekomunikacyjnym nadmiar usług transmisji danych dla swoich klientów, ponieważ było mało prawdopodobne, aby klienci korzystali z usługi transmisji danych w 100 procentach czasu. W ostatnich latach, Frame Relay zyskał złą reputację na niektórych rynkach z powodu nadmiernej przepustowości overbookingu.

Telcos często sprzedaje usługę Frame Relay firmom poszukującym tańszej alternatywy dla łączy dzierżawionych; jej wykorzystanie w różnych obszarach geograficznych było w dużej mierze uzależnione od polityki rządu i firm telekomunikacyjnych. Niektóre z pierwszych firm produkujących produkty Frame Relay to StrataCom (później przejęte przez Cisco Systems) i Cascade Communications (później przejęte przez Ascend

Communications, a następnie przez Lucent Technologies).

2.5 ATM

[5] Historia telekomunikacji jest w zasadzie historią technologii. Postępy technologiczne doprowadziły do powstania nowych sieci, a każda nowa sieć oferuje użytkownikowi szereg nowych usług. W rezultacie mamy dziś szeroką gamę sieci, które obsługują różne usługi. Posiadamy sieć teleksową, sieć telefoniczną, ISDN, pakietowe sieci transmisji danych, obwodowe sieci transmisji danych, sieci komórkowe, sieć linii dzierżawionych, sieci lokalne, sieci metropolitalne i tak dalej. W ostatnim czasie wprowadziliśmy sieci do obsługi usług Frame Relay i SMDS. Problem polega na tym, że rosnące tempo rozwoju aplikacji grozi dezaktualizacją nowych sieci, zanim będą one mogły zapewnić zwrot finansowy z inwestycji. Aby uniknąć tego problemu, przez długi czas marzeniem inżyniera telekomunikacyjnego było stworzenie uniwersalnej sieci zdolnej do obsługi całego zakresu usług, w tym oczywiście tych, które wcześniej nie były brane pod uwagę.

Kluczem jest struktura przełączania, która jest wystarczająco elastyczna, aby spełnić praktycznie każde wymaganie serwisowe. Wiele osób uważa, że bankomat jest tak blisko, jak to jest prawdopodobne w przewidywalnej przyszłości. ∎

[6] ATM to technologia sieciowa przeznaczona zarówno dla sieci lokalnych, jak i rozległych (LAN i WAN), która obsługuje zarówno komunikację głosową i wideo, jak i dane w czasie rzeczywistym. Topologia wykorzystuje przełączniki, które budują układ logiczny od końca do końca w celu zagwarantowania jakości usług (QoS). W odróżnieniu od przełączników telefonicznych, które mają dedykowane obwody typu end-to-end, niewykorzystane pasmo w obwodach logicznych ATM może być wykorzystane w razie potrzeby. Na przykład, niewykorzystane pasmo w obwodzie wideokonferencji może być wykorzystane do przesyłania danych.

ATM jest szeroko stosowany jako technologia szkieletowa w sieciach operatorskich i dużych przedsiębiorstwach, ale nigdy nie był popularny jako topologia sieci lokalnej (LAN) (patrz poniżej). ATM jest wysoce skalowalny i obsługuje prędkości transmisji 1,5, 25, 100, 155, 622, 2488 i 9953 Mbps. ATM jest również wolny do 9,6 Kbps pomiędzy statkami na morzu. Przełącznik ATM może być dodany w środku tkaniny przełącznika w celu zwiększenia ogólnej przepustowości, a nowy przełącznik jest automatycznie aktualizowany przy użyciu protokołu routingu ATM PNNI.

2.5.1 WYŁĄCZANIE CELLU

Różnorodność sieci pojawiła się, ponieważ różne usługi mają swoje własne, różne wymagania. Jednak pomimo tej różnorodności, usługi mogą być szeroko kategoryzowane jako ciągły strumień bitowy, ponieważ użytkownik chce, aby zdalny koniec otrzymywał ten sam ciągły strumień bitowy, który jest wysyłany, lub jako ciągły strumień bitowy, ponieważ informacje generowane przez aplikację użytkownika są generowane w różnych seriach, a nie jako ciągły strumień bitowy. Ogólnie rzecz biorąc, ciągłe usługi bit-stream naturalnie mapują się do sieci komutowanej, podczas gdy usługi typu "burst" są generalnie lepiej obsługiwane przez sieci komutowane pakietowo.

Każda "uniwersalna" struktura łączeniowa musi więc łączyć w sobie najlepsze cechy łączenia obwodów i łączenia pakietowego, unikając jednocześnie najgorszego. Istnieją również duże różnice w stawkach bitowych wymaganych przez poszczególne usługi. Interaktywne aplikacje oparte na danych ekranowych wymagają zazwyczaj kilku kilobitów.

na sekundę. Telefonia potrzebuje 64 kbity/s. Wysokiej jakości obrazy ruchome mogą wymagać kilkudziesięciu megabitów na sekundę. Przyszłe usługi (takie jak holograficzna telewizja 3D lub interaktywna wirtualna rzeczywistość) mogą wymagać wielu dziesiątek megabitów na sekundę. Uniwersalna sieć musi zatem być zdolna do nagrywania bardzo dużej liczby megabitów na sekundę.

Zakres częstotliwości bitów. Technologia, która wydaje się najlepiej zaspokajać tę różnorodność potrzeb, to

stało się terminem na mediację komórkową, która jest w centrum ATM. Przy przełączaniu komórek informacje o użytkowniku są przekazywane w krótkich pakietach o stałej długości zwanych komórkami. Standardowo każda komórka zawiera nagłówek 5-oktetrowy i pole informacyjne 48-oktetrowe. Na łączach transmisyjnych, zarówno pomiędzy użytkownikiem a siecią, jak i pomiędzy centralami w obrębie sieci, komórki są transmitowane w postaci ciągłych strumieni, pomiędzy którymi nie ma miejsca na 92 ASYNCHRONE TRANSFER MODE (ATM). W związku z tym, gdy nie ma informacji do przekazania, puste komórki są przekazywane w celu utrzymania przepływu.

Informacje o użytkowniku są przenoszone w polu informacyjnym, chociaż z powodów, które staną się oczywiste, ładunek handlowy przenoszony przez komórkę czasami nie jest całkiem 48 oktetów. Nagłówek komórki zawiera informacje, które są wykorzystywane przez przełączniki do kierowania komórki przez sieć do zdalnej lokalizacji. Ponieważ ma on tylko 5 oktetów, nagłówek komórki jest zbyt krótki, aby zawierał kompletny adres do identyfikacji zdalnego rówieśnika, a w rzeczywistości zawiera etykietę, która identyfikuje połączenie. Przełącznik komórkowy, a więc ATM, jest więc zorientowany na połączenie jako takie (zobaczymy później, jak usługi bez połączenia mogą być obsługiwane przez ATM). Dzięki zastosowaniu różnych etykiet dla każdego połączenia, terminal może obsługiwać dużą liczbę jednoczesnych połączeń z różnymi terminalami zdalnymi. Różne połączenia mogą obsługiwać różne usługi. Te, które wymagają wysokiej bitrate (np. wideo) będą oczywiście generować więcej komórek na sekundę niż te, które wymagają skromniejszej bitrate. W ten sposóbATM może obsługiwać bardzo szeroką gamę bitrate'ów.

Podstawową ideą ATM jest to, że po kodowaniu cyfrowym, o ile nie jest ono już w formie cyfrowej, informacje o użytkowniku są gromadzone przez terminal wysyłający aż do momentu zebrania pełnego ładunku komórek, następnie dodawany jest nagłówek komórki i pełna komórka jest wysyłana do obsługującej ją centrali lokalnej w celu przekazania jej przez sieć do zdalnego terminalu. Sieć nie wie, jakie informacje są przekazywane w komórce; może to być tekst, może to być głos, może to być wideo, może to nawet teleks! Przełącznik komórkowy zapewnia uniwersalną strukturę przełączania, ponieważ traktuje cały ruch tak samo (mniej lub bardziej szczegółowo), bez względu na to, jaka usługa jest transmitowana.

2.5.2 ZASADY ATM 93

Wszystkie komórki należące do danego połączenia docierają na tę samą ścieżkę transmisji i są kierowane przez wymianę na żądaną ścieżkę wyjściową, gdzie są przeplatane komórkami innych połączeń do transmisji zgodnie z zasadą "kto pierwszy ten lepszy". Dla uproszczenia, pokazano tylko jeden kierunek transmisji. Drugi kierunek transmisji jest traktowany w ten sam sposób, chociaż dwa kierunki transmisji dla danego połączenia są logicznie dość odrębne. W rzeczywistości, jak zobaczymy, jedną z cech ATM jest to, że rodzaj dwóch kanałów tworzących połączenie (jeden dla każdego kierunku) może być skonfigurowany niezależnie. Zgodnie z powszechną terminologią przełączania pakietów, połączenia ATM są bardziej poprawnie nazywane połączeniami "wirtualnymi", co oznacza, że w przeciwieństwie do połączeń rzeczywistych, nie ma między użytkownikami połączenia typu "end-to-end". Jednak dla ułatwienia odczytu w dalszej części, termin "wirtualny" jest zazwyczaj pomijany; dla połączenia nazywany jest połączeniem wirtualnym. Połączenie jest nawiązywane przez sieć poprzez odpowiednie wpisy w tabelach wyszukiwania routingu na każdym przełączniku po drodze. Miałoby to miejsce w momencie subskrypcji stałego połączenia wirtualnego (PVC) lub w momencie konfiguracji połączenia dla przełączanego połączenia wirtualnego (SVC) (dla uproszczenia, aspekty sygnalizacji są tutaj pomijane). Każdy (poziomy) wpis w tabeli Wyszukiwanie wg trasy odnosi się do konkretnego połączenia i przypisuje połączenie przychodzące oraz etykietę używaną w tym połączeniu do identyfikacji połączenia, pożądane połączenie wychodzące oraz etykietę używaną w tym połączeniu do identyfikacji połączenia. Należy pamiętać, że na łączach przychodzących i wychodzących używane są różne etykiety w celu identyfikacji tego samego połączenia (jeśli są one takie same, to jest to czysto przypadkowe).

Ze względu na statystyczny charakter ruchu, bez względu na to, jak starannie zostanie zaprojektowana sieć bankomatów, będą pojawiać się sytuacje (miejmy nadzieję, że rzadkie), w których zasoby (zazwyczaj bufory) będą lokalnie zatłoczone i wystąpią zatory. W tej sytuacji naprawdę nie ma innego wyjścia, jak wyrzucić komórki. W celu zwiększenia elastyczności ATM oraz biorąc pod uwagę fakt, że niektóre usługi są bardziej odporne na straty niż inne, dodano system priorytetów, tak aby sieć mogła odrzucać komórki w sposób bardziej inteligentny niż miałoby to miejsce w przypadku wystąpienia zatorów. W nagłówku komórki znajduje się jeden bit o nazwie "Cell Loss Priority Bit" (CLP), który daje wskazanie priorytetu. Komórki, których CLP jest ustawiony na 1 są odrzucane przez sieć przed komórkami z CLP ustawionym na 0. Jak widać, różne komórki należące do tego samego połączenia mogą mieć różne priorytety. Jeśli komórki idą w tym samym kierunku, centrala może skierować je jednocześnie do tego samego połączenia wychodzącego. Ponieważ tylko jedna komórka może być transmitowana w danym czasie, konieczne jest zapewnienie pamięci buforowej, aby utrzymać konkurencyjne komórki do czasu, gdy będą mogły być transmitowane. Komórki konkurencyjne są ustawione w kolejce do transmisji na połączeniach wychodzących. Wybierając krótką długość komórki, opóźnienie w kolejce spowodowane przez komórki w drodze przez sieć może być akceptowalnie krótkie. Innym ważnym czynnikiem przemawiającym za krótką długością komórki jest czas potrzebny terminalowi na zebranie wystarczającej ilości informacji, aby wypełnić komórkę, co zazwyczaj określa się jako opóźnienie pakietu. Na przykład, telefon cyfrowy, który generuje cyfrowo kodowaną mowę z prędkością 64 kbps, potrzebuje około 6 ms na wypełnienie komórki. Jest to opóźnienie wprowadzone między mówcą a słuchaczem, oprócz opóźnień w kolejce spowodowanych przez sieć. Językiem jest

są szczególnie wrażliwe na opóźnienia ze względu na nieprzyjemne skutki echa, które pojawiają się, gdy końcowe opóźnienia przekraczają około 20 ms. Jednym z ważnych efektów powodowanych przez kolejki w sieci jest wprowadzenie zróżnicowania w opóźnieniu komórek, ponieważ nie wszystkie komórki podłączone do danego połączenia mają takie samo opóźnienie podczas przechodzenia przez sieć. Chociaż komórki mogą być generowane przez terminal w regularnych odstępach czasu

(tak jak np. w przypadku mowy o prędkości 64 kbit/s) nie dotrą do zdalnego terminalu z taką samą regularnością. Niektóre z nich będą opóźnione bardziej niż inne. W celu zrekonstruowania mowy o prędkości 64 kbps w zdalnym terminalu, wymagany jest bufor rekonstrukcji, który zrekompensuje zmiany opóźnienia w komórce spowodowane przez sieć. Bufor ten powoduje dalsze opóźnienie, często nazywane opóźnieniem depakowania. Oczywiste jest, że im krótsza komórka, tym mniejsze są różnice w opóźnieniu komórki i tym krótsze jest opóźnienie rozpakowania. Więc im krótsza cela, tym lepiej. Należy to jednak zważyć w stosunku do wyższych kosztów ogólnych, które nagłówek reprezentuje dla krótszej długości komórki, a 53-oktetowa komórka została znormalizowana jako kompromis dla ATM. Saga o tym

Wybór jest interesujący i odzwierciedla coś w rodzaju międzynarodowej standaryzacji. Zasadniczo w Europie wybrano bardzo krótkie komórki z polem informacyjnym od 16 do 32 oktetów, tak aby można było przesyłać język bez konieczności instalowania kosztownych tłumików echa. Z drugiej strony USA chciały, aby dłuższe komórki z polem informacyjnym od 64 do 128 oktetów zwiększały wydajność transmisji; ze względu na opóźnienia w transmisji na liniach telefonicznych w USA i tak często instalowane były tłumiki echa. CCITT (obecnie ITU-TS) poszedł w połowie drogi i zgodził się na pole informacyjne 48 oktetów, które według wielu łączy najgorsze z obu światów!

31

2.5.4 UPOŚLEDZENIA SIECIOWE

Dynamiczna alokacja zasobów sieciowych nieodłącznie związanych z przełączaniem komórek zapewnia elastyczność i efektywność transmisji w przypadku przełączania pakietów, 5.1 PODSTAWA ATM 95, podczas gdy krótkie opóźnienia osiągnięte przez krótkie komórki o stałej długości skutkują bardziej przewidywalną wydajnością przełączania obwodów. Niemniej jednak, jak widzieliśmy, dochodzi do degradacji sieci i, jak zobaczymy, odgrywa ona główną rolę w definiowaniu usług i projektowaniu sieci. Najważniejsze upośledzenia są następujące.

• Opóźnienie: głównie opóźnienie w pakowaniu, opóźnienie w kolejce i opóźnienie w rozpakowywaniu, ale dodatkowo pojawią się opóźnienia w przełączaniu się i opóźnienia w propagacji

• Różnice w opóźnieniu komórek: Różne komórki należące do danego połączenia wirtualnego zazwyczaj doświadczają różnych opóźnień podczas przechodzenia przez sieć z powodu kolejek.

• Utrata komórki: może być spowodowana błędami w transmisji, które uszkadzają głowice komórek, przeciążeniem spowodowanym szczytami ruchu lub awarią sprzętu.

• Nieprawidłowe wprowadzenie komórek: Uszkodzenie nagłówka komórki może spowodować przekazanie jej do niewłaściwego odbiorcy. Takie ogniwa zostałyby utracone na rzecz planowanego odbiornika i umieszczone w niewłaściwym połączeniu.

Kontrola tych utrudnień, mająca na celu zapewnienie odpowiedniej jakości usług w potencjalnie bardzo szerokim zakresie, jest jedną z dominujących kwestii w przypadku bankomatów.

2.5.5 UMOWA TRANSPORTOWA

Z tego, co do tej pory widzieliśmy w przypadku przełączania komórek, powinno być jasne, że nowe połączenia konkurowałyby o te same zasoby sieciowe (pojemność transmisyjna, pojemność przełączania i pamięć buforowa), co istniejące połączenia. Należy zatem zapewnić, aby utworzenie nowego połączenia nie obniżyło jakości istniejących połączeń poniżej poziomu akceptowalnego dla użytkowników. Ale co jest do przyjęcia dla użytkowników? Przekonaliśmy się, że jedną z głównych atrakcji ATM jest jego zdolność do obsługi bardzo szerokiego zakresu usług. Zasadniczo będą one miały inne wymagania, a to, co byłoby dopuszczalne dla jednej usługi, może być całkowicie nie do przyjęcia dla innej usługi. Mowa, na przykład, jest bardziej tolerancyjna na utratę komórek niż dane, ale znacznie mniej na opóźnienia. Aby sieć mogła ocenić, czy dysponuje zasobami pozwalającymi na nawiązanie nowego połączenia, musi również wiedzieć, jakie byłyby wymagania związane z tym połączeniem. Istotną cechą ATM jest to, że dla każdego połączenia między użytkownikiem a siecią ustalana jest umowa o ruchu. Umowa ta określa charakterystykę ruchu, który użytkownik

na tym połączeniu do sieci i określa jakość usług (QoS), które sieć musi utrzymywać. Umowa nakłada obowiązek na sieć; użytkownik wie dokładnie za jaką usługę płaci i bez wątpienia złoży skargę do dostawcy usług, jeśli jej nie otrzyma. Nakłada to na użytkownika obowiązek; jeśli przekroczy on uzgodniony profil ruchu, sieć może legalnie korzystać z ponad 96 ASYNCHRONOUS TRANSFER MODE (ATM). odrzucić przewozy ze względu na możliwość pogorszenia jakości istniejących połączeń, a tym samym naruszenia umów już zawartych na tych połączeniach Jednakże pod warunkiem, że użytkownik pozostaje w obrębie uzgodnionego profilu ruchu, sieć powinna obsługiwać wymaganą jakość usług. W umowie określa się również podstawę, na podstawie której sieć decyduje, czy dysponuje środkami na wsparcie nowego połączenia; w przeciwnym razie wniosek o nowe połączenie zostaje odrzucony.

Charakterystyka ruchu jest opisana pod względem parametrów, takich jak szczytowa szybkość przesyłania komórek, wraz ze wskazaniem profilu szybkości, z jaką komórki są przesyłane do sieci. Jakość usługi jest określona w postaci parametrów odnoszących się do dokładności (np. wskaźnik błędu komórki), niezawodności (np. wskaźnik utraty komórki) i prędkości (np. opóźnienie transmisji komórki i zmienność opóźnienia komórki). Niektóre z tych parametrów są niewytłumaczalne, inne nie. Zostaną one później omówione bardziej szczegółowo, ale tutaj mają dać wyobrażenie o tym, o co chodzi.

Możemy to podsumować w następujący sposób:

• Dla każdego połączenia, użytkownik określa swoje wymagania dotyczące usług dla sieci za pomocą umowy transportowej;

• W momencie ustanawiania połączenia, sieć decyduje, na podstawie umowy transportowej, przed przyjęciem nowego połączenia, czy posiada środki na jego obsługę przy zachowaniu uzgodnionej w umowie jakości usług istniejących połączeń; w żargonie technicznym nazywa się to kontrolą przyjęcia połączenia (CAC);

• Podczas połączenia, sieć wykorzystuje umowę o ruchu do sprawdzenia, czy użytkownicy pozostają w ramach zakontraktowanej usługi; technicznym terminem jest UPC (Usage Parameter Control).

2.5.6 ADAPTACJA

ATM stanowi zatem uniwersalną podstawę sieci wielousługowej poprzez ograniczenie wszystkich usług do sekwencji komórek i równe traktowanie wszystkich komórek (mniej więcej). Ale najpierw musimy przekształcić informacje o użytkowniku w strumień komórek, i oczywiście z powrotem na drugim końcu połączenia. Proces ten nazywany jest adaptacją ATM i jest łatwiejszy do powiedzenia niż do zrobienia! Podstawową ideą adaptacji jest to, że użytkownik nie powinien znać bazowej infrastruktury sieci ATM (wyjątki od tego zostaną omówione później, gdy wprowadzimy usługi ATM w trybie natywnym).

2.5.7 SMDS I FRAME RELAY PRZEZ ATM

Już teraz powinno być jasne, że ATM jest z natury rzeczy zorientowany na połączenia. Więc jak może obsługiwać usługi bez połączeń? Krótka odpowiedź jest taka, że nie może. Bezpołączeniowa usługa wymaga sieci bezpołączeniowych centralek; centrale ATM są z natury rzeczy zorientowane na połączenie. To, co ATM może zrobić, to zapewnić połączenia między centralami bez połączenia i dostęp użytkowników do tych central. W rzeczywistości, usługa bez połączenia jest świadczona przez bezkontaktową sieć pakietową, która jest nakładana na sieć bankomatów. Sieć bankomatów zapewnia tylko PVP pomiędzy centralami bezstykowymi a PCW pomiędzy użytkownikami i obsługującymi je centralami bezstykowymi. (W literaturze powszechnie określa się przełączniki bezkontaktowe mianem "serwerów bezkontaktowych" - terminologia odzwierciedlająca kulturę informatyczną, która walczyła o sprawę bezkontaktowych, a nie kulturę telekomunikacyjną, która nadal w dużym stopniu opiera się na połączeniach).

2.5.8 SMDS OVER ATM

Jeśli chcemy oferować usługę SMDS w sieci ATM, najprostszym sposobem wykorzystania adapterów SMDS/ATM byłaby konwersja pomiędzy protokołem interfejsu SMDS i ATM, na routerze i w serwisie świadczącym usługę przełącznika SMDS oraz połączenie ich poprzez ATM PVC. Należy pamiętać, że przełączniki SMDS, które składają się na bezkontaktową sieć overlay, będą również połączone połączeniami ATM. Ponieważ (z założenia) magistrale DQD wykorzystują gniazdo 53-oktetowe, a ATM wykorzystuje komórkę 53-oktetową, funkcjonalność adaptera SDMS/ATM.

34

2.5.9 PRZEKAŹNIK RAMOWY PRZEZ BANKOMAT

Podobnie jak w przypadku SMDS, do podłączenia terminala Frame Relay do sieci ATM w trybie natywnym wymagana jest karta. Należy jednak pamiętać, że Frame Relay jest usługą, a nie technologią, i może być wdrożony w terminalu ATM, jeśli zostanie wdrożona odpowiednia funkcja dostosowywania ATM.

2.5.10 ATM W SIECIACH LOKALNYCH

Tworzenie sieci lokalnych faktycznie rozpoczęło się pod koniec lat siedemdziesiątych, a w następnej dekadzie nastąpił niezwykle szybki rozwój, napędzany w dużej mierze przez standardy LAN opublikowane przez IEEE: 802.3 dla sieci Ethernet-type CSMA/CD, 802.4 dla sieci magistrali tokenowej oraz 802.5 dla sieci tokenowej typu ring. Wszystkie te sieci LAN wykorzystują współdzieloną topologię mediów. W momencie ich wprowadzenia, sieci LAN były uważane za szerokopasmowe. Oferowały one współdzielony kanał medialny, który działał z prędkością megabitową, a większość aplikacji początkowo były to proste dane lub tekst, które nie miały wysokich wymagań odnośnie przepustowości. Jednak w latach 80-tych komputery osobiste rozwijały się bardzo szybko, a aplikacje stawały się coraz bardziej wymagające pod względem przepustowości, zarówno w ruchu lokalnym w sieci, jak i między sieciami LAN, a tendencja ta obecnie zaczyna przyspieszać. To, co się stało, to fakt, że wspólne medium, które początkowo oferowało komputerom osobistym okno na większy świat, teraz stało się wąskim gardłem. Tam, gdzie kiedyś Ethernet obsługiwał około 100 stacji, teraz można go podzielić na dwa lub więcej segmentów za pomocą mostów, aby zwiększyć pojemność sieci LAN dostępną dla każdej stacji. Naturalnym przedłużeniem tego jest początek migracji z mediów współdzielonych do topologii gwiazdy, takich jak Ethernet komutowany, który zapewnia przepustowość 10 Mbps (lub nawet 100 Mbps) dla każdej stacji. Sercem tego rozwoju są inteligentne koncentratory przełączające, które mogą obsługiwać różne typy sieci i pozwalają firmie elastycznie łączyć i dopasowywać swoje sieci LAN i serwery, aby odzwierciedlać zmiany w organizacji i korzystać z nowych technologii. Jedną z tych nowych technologii jest ATM, a obecnie dostępne są koncentratory oparte na przełącznikach ATM, które umożliwiają podłączenie zarówno starszych sieci LAN (tj. staromodnych, ale płatnych urządzeń pre-ATM), jak i stacji ATM. Systemy dziedziczenia będą z nami przez długi czas, ale długoterminowy kierunek jest teraz jasny. W ciągu następnej dekady będziemy świadkami rozwoju sieci lokalnych opartych na komutowanych sieciach gwiezdnych. Istnieje jednak szereg uznanych technologii, takich jak Ethernet 10-Mbit/s, które są wykorzystywane w tym celu.

PROTOKOŁY BĘDĄCE PRZEDMIOTEM DYSKUSJI

Nowoczesne urządzenia wymagają inicjalizacji znanych protokołów, aby zapewnić, że klient otrzyma QOS. Niektóre z nich zostały omówione poniżej.

2.6 DIFFSERV:

[7]   Architektura zróżnicowanych usług opiera się na prostym modelu, w którym ruch wchodzący do sieci jest klasyfikowany i ewentualnie uwarunkowany na granicach sieci oraz przypisywany do różnych agregatów behawioralnych. Każdy agregat behawioralny jest identyfikowany za pomocą jednego punktu kodowego DS. W obrębie rdzenia sieci pakiety są kierowane zgodnie z zachowaniami per-hopowymi związanymi z punktem kodowym DS. W tym rozdziale omawiamy kluczowe komponenty w ramach regionu usług zróżnicowanych, klasyfikację ruchu i funkcje kondycjonowania oraz sposób, w jaki usługi zróżnicowane są osiągane poprzez połączenie kondycjonowania ruchu i spedycji opartej na PHB.

Jeden z badaczy (Vincenzo Mancuso) zauważył, że architektura IP Differentiated Service (DiffServ) została zaproponowana w celu wprowadzenia skalowalnego i elastycznego różnicowania usług pomiędzy strumieniami IP. Sieci DiffServ IP wykonują agregację przepływów na granicach domeny, a wynikające z niej makro przepływy (lub agregaty ruchu) są następnie obsługiwane oddzielnie w ramach domeny DiffServ. Każdy węzeł DiffServ jest wyposażony w zestaw różnych "Per Hop Behaviors" (PHB) do działania zgodnie z różnymi agregatami ruchu, zapewniając zróżnicowanie usług pod względem przepustowości, wydajności opóźnienia, opóźnień i utraty pakietów. DiffServ nie posiada wiedzy na temat zdrowia sieci (tzn. jest to bezpaństwowa architektura sieciowa), a gwarancje usług nie są gwarantowane. Niemniej jednak, architektura DiffServ zapewnia bardzo skalowalne podejście do inżynierii ruchu, a co najważniejsze, zademonstrujemy w jaki sposób DiffServ umożliwia dostawcom sieci wdrażanie procedur kontroli ruchu, jak również kontroli dostępu do połączeń i procedur kontroli zatorów. Wreszcie, wdrożenie DiffServ oferuje następujące korzyści: Zmniejszenie obciążenia urządzeń sieciowych i łatwe skalowanie w miarę rozwoju sieci; umożliwienie klientom zachowania istniejącego schematu priorytetów warstwy 3; umożliwienie klientom mieszania urządzeń zgodnych ze standardem DiffServ ze wszystkimi istniejącymi urządzeniami w użyciu; oraz złagodzenie wąskich gardeł poprzez efektywne zarządzanie bieżącymi zasobami sieciowymi przedsiębiorstwa.

Usługi Zróżnicowane [8] to model, który zapewnia QoS poprzez schemat względnego priorytetu, w którym urządzenia sieciowe przetwarzają ruch zagregowany, a nie indywidualne przepływy, jak w modelu IntServ. Grupa robocza DiffServ ustandaryzowała zestaw zachowań routera, które mają być stosowane do oznakowanych pakietów. Są one określane jako zachowania per-hop (PHB), wskazując, że definiują one zachowanie poszczególnych routerów, a nie usługi typu end-to-end. IETF na nowo zdefiniował stare pole TOS z nagłówka IP. Jak

Jak pokazano na rysunku 2.4, sześć bitów tego pola zostało przypisanych do Zróżnicowanego Punktu Kodowego Usług (DSCP), przy czym każdy DSCP identyfikuje konkretny PHB, który ma być zastosowany do pakietu. Pozostałe dwa bity w oktecie są obecnie nieużywane i są ignorowane przez router. W architekturze DiffServ usługi są zdefiniowane jako umowa o poziomie usług (SLA) pomiędzy klientem a dostawcą usług. Umowa SLA definiuje usługę spedycyjną, którą otrzymuje klient. Jednym z elementów umowy SLA jest Umowa o warunkach ruchu drogowego (TCA), która szczegółowo określa

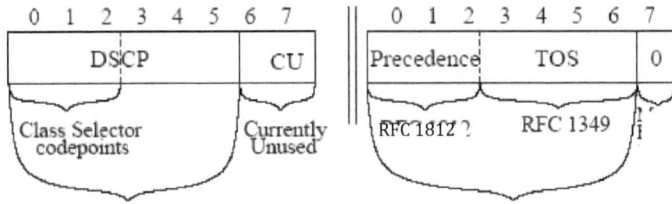

parametry usług dla profili ruchu i działań politycznych.

Rys. 2.4 DSCP ponownie definiuje bajt IPV4 TOS

2.6.1 DOMENA DYFSERWISU

Domena DiffServ to przylegający do siebie zestaw węzłów DiffServ, które działają zgodnie ze wspólną polityką usług i warunkami PHB. Domena DiffServ zazwyczaj składa się z jednej lub więcej sieci znajdujących się pod tą samą administracją, takich jak intranet organizacji lub dostawcy usług internetowych. Administracja ta jest odpowiedzialna za zapewnienie odpowiednich zasobów do obsługi zróżnicowanych usług oferowanych przez domenę. Węzły w domenie DiffServ wybierają zachowanie przekazywania pakietów w oparciu o ich DSCP i przypisują tę wartość do jednego z obsługiwanych PHB, używając

37

albo zalecanego punktu kodowego albo przypisania PHB. Jeśli ścieżka end-to-end wymaga połączenia domen DS, zwanych regionem DiffServ, obowiązkiem operatora sieci jest zapewnienie, aby każda domena DS działała w sposób, który obsługuje docelowe miejsca QoS typu end-to-end. Routery brzegowe otaczające domenę DiffServ są nazywane węzłami granicznymi DS, gdzie ruch wchodzi do domeny DiffServ w węźle wejściowym DS i wychodzi z domeny DS w węźle wyjściowym DS. Węzły wewnętrzne, jako część domeny DS, łączą się tylko z innymi węzłami wewnętrznymi lub granicznymi DS w tej samej domenie DiffServ. Węzły wewnętrzne mogą również wykonywać ograniczone funkcje warunkujące ruch, takie jak ponowne wybieranie punktów kodu DS.

2.6.2 ZACHOWANIA PROHOPOWE

[9] PHB jest polityką stosowaną do pakietu, gdy przechodzi on przez chmiel. Zaproponowano kilka bloków PHB, ale tylko dwa z nich przyciągnęły dużą uwagę: przyspieszona spedycja

2.6.3 PRZYSPIESZONY PRZEKAZ

[10] EF (znana również jako usługa Premium) PHB zapewnia pasmo end-to-end o niskich stratach, małych opóźnieniach i małych zniekształceniach jitter w domenie DiffServ. Usługa ta pojawia się dla użytkowników jako połączenie punkt-punkt lub "wirtualna linia dzierżawiona". W celu zapewnienia połączenia o malych stratach, malych opóźnieniach i malych zniekstalceniach dla określonych zagregowanych wielkości ruchu, zagregowane przyjazdy pakietów EF na każdy router powinny być poniżej zagregowanej minimalnej dozwolonej stawki wyjściowej. Na przykład, router z interfejsem 100 Mbps musi zapewnić, że szybkość przychodzących pakietów EF przeznaczonych dla tego interfejsu nigdy nie przekroczy 100 Mbps. Ograniczenie prędkości pakietów EF jest osiągane poprzez konfigurację routerów na skraju domeny administracyjnej, aby umożliwić pewną maksymalną prędkość przychodzących pakietów EF do domeny. Proste podejście polega na zapewnieniu, że suma stawek wszystkich pakietów EF wchodzących do domeny jest mniejsza niż przepustowość najwolniejszego połączenia w domenie. Istnieje kilka mechanizmów harmonogramowania kolejek do wdrażania zachowań EF. Najprostsza z nich to kolejka priorytetowa (PQ), gdzie wskaźnik przyjazdów kolejki jest ściśle niższy od wskaźnika jej obsługi. Algorytm ten ma następującą wadę: jeśli obecne są pakiety o najwyższym priorytecie, pakiety o niższym priorytecie prawdopodobnie będą głodowały. Możliwe jest, że źródło, które wysyła zbyt duży ruch i ma najwyższy priorytet, może wykorzystać do 100% przepustowości. Dlatego też SLA musi być używany do zarządzania

38

pasmem. Innym mechanizmem jest wykonywanie ważonego sprawiedliwego kolejkowania (WFQ) pomiędzy pakietami EF a innymi pakietami. Pakiet z kolejki o największej wadze jest usuwany z kolejki; kolejka o kolejnej największej wadze jest usuwana z kolejki itd. WFQ porównuje wagę dla każdej podpowierzchni z częścią pasmową. Algorytm ten zapewnia, że średnio żadna usługa nie wykorzystuje większej przepustowości niż powinna.

2.6.4 BEZPIECZNA SPEDYCJA

Grupa AF PHB jest środkiem dla domeny DiffServ dostawcy, aby zapewnić różne poziomy zapewnienia przekierowania pakietów IP otrzymanych z domeny DiffServ klienta. AF-PHB dzieli ruch na cztery klasy, przy czym każda klasa AF ma zagwarantowany pewien minimalny poziom zasobów transmisyjnych (szerokość pasma i buforowanie). W obrębie każdej klasy AF, pakiety IP są oznaczone jedną z trzech możliwych wartości priorytetu spadku. W przypadku przeciążenia, priorytet spadku pakietu określa względną wagę pakietu w ramach klasy AF. Węzeł DiffServ zgodny z AF będzie odrzucał pakiety o niskim priorytecie zamiast pakietów o wyższym priorytecie. Pakiet IP należący do klasy AF o numerze i i posiadający wartość preferencji spadkowej j jest oznaczony punktem kodu AFij, gdzie $1 < i < 4$ oraz $1 < j < 3$. Zalecane wartości punktu kodu AFij są wymienione w tabeli 2.2.

	klasa 1	Klasa 2	Klasa 3	Klasa 4
Priorytet niskiego spadku	001010	001100	001110	100010
Priorytet dla średnich kropli	001100	010100	011100	100100
Wysoki priorytet spadku	001110	010110	011110	100110

Tabela Cztery klasy upuszczania i trzy preferencje upuszczania.

Na przykład, poziom priorytetu zrzutu pakietu może być przypisany za pomocą policjanta ruchu nieszczelnych wiader, który ma jako parametry szybkość przepływu i liczbę żetonów i jest sumą dwóch wartości wybuchu: Committed Burst Size i Excess Burst Size. Pakietowi przypisuje się priorytet niskiego upuszczenia, jeśli liczba żetonów w wiadrze jest większa niż nadmiar rozmiaru wybuchu, priorytet średniego upuszczenia, jeśli liczba żetonów w wiadrze jest większa niż zero, oraz wyższy priorytet upuszczenia, jeśli wiadro jest puste.

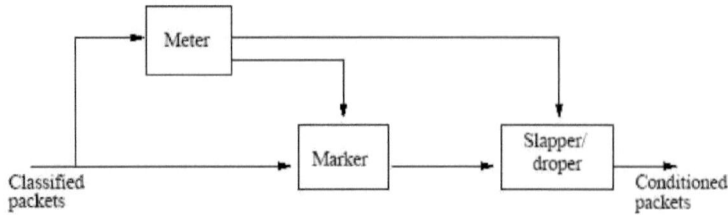

Rys. 2.5 Schemat funkcjonalny zakładu przetwórstwa drogowego.

2.6.5 KONDYCJONOWANIE RUCHU

W celu realizacji umowy serwisowej, każdy router brzegowy z obsługą DiffServ realizuje funkcję kondycjonowania ruchu, która wykonuje pomiary pakietów, kształtowanie, trasowanie i znakowanie. Gwarantuje to, że ruch wchodzący do sieci DiffServ jest zgodny z umową o warunkach ruchu drogowego. Na rysunku 2.5 przedstawiono schemat blokowy kondycjonera ruchu drogowego.

2.6.6 METER

Urządzenie pomiarowe służy do mierzenia szerokości pasma przychodzących agregatów komunikacyjnych i przekazywania tych informacji do markera lub kształtownika/odpylacza. Innymi słowy, przekazuje informacje o statusie do innych funkcji kondycjonowania w celu wywołania określonej akcji dla każdego pakietu.

2.6.7 OZNAKOWANIE

Znaczniki pakietów są polem DiffServ pakietu w danym punkcie kodu, dodającym oznaczony pakiet do określonego agregatu behawioralnego DiffServ. Mogą być skonfigurowane do oznaczania wszystkich nieoznaczonych pakietów lub do ponownego wyboru wcześniej zaznaczonych pakietów.

2.6.8 SHAPER

Ten komponent przechowuje i przekazuje ruch przychodzący. Dokumenty opóźniają niektóre lub wszystkie pakiety w strumieniu ruchu, aby strumień był zgodny z profilem ruchu. Pakiety mogą być upuszczane, jeśli nie ma wystarczającej ilości miejsca w buforze, aby pomieścić opóźnione pakiety. Kroplomierz. Dropery odrzucają niektóre lub wszystkie pakiety w strumieniu ruchu, aby strumień był zgodny z profilem ruchu.

40

2.7 INTSERV / RSVP

Dotychczasowy Internet zapewnia usługę BE dla każdego użytkownika, niezależnie od jego wymagań. Ponieważ każdy użytkownik otrzymuje tę samą usługę, przeciążenie sieci pogarsza wydajność aplikacji, które do prawidłowego funkcjonowania wymagają minimalnej przepustowości. Wraz z ogólną dostępnością Internetu znacznie wzrasta liczba aplikacji wymagających dużej przepustowości w czasie rzeczywistym, takich jak wideokonferencje. IntServ i RSVP są ze sobą ściśle powiązane, dlatego opisujemy te dwie technologie razem. Podczas gdy IntServ klasyfikuje i przetwarza pakiety, RSVP jest używany do sygnalizowania rezerwacji w routerach. Istnieją dwie główne cechy, które zostały zdefiniowane przez IntServ: zarezerwowane zasoby i konfiguracja połączenia.

Zarezerwowane zasoby. Router musi śledzić, ile zasobów jest obecnie wolnych do przydzielenia. Ustawienia połączeń. Przepływ, który wymaga gwarancji QoS, musi być w stanie zarezerwować wystarczającą ilość zasobów na każdym routerze na danej ścieżce, aby zapewnić, że wymogi QoS są spełnione. Proces nawiązywania połączenia (znany również jako przyjmowanie połączeń) wymaga udziału każdego z routerów na trasie. Wszystkie routery uczestniczą w przyjmowaniu lub odrzucaniu połączeń w oparciu o dostępne zasoby.

2.7.1 RAMY WDRAŻANIA

Model IntServ implementuje ramy dla zapewnienia QoS dla ruchu IP. W ramach IntServ, każdy węzeł obsługujący QoS kieruje wszystkie przychodzące pakiety do klasyfikatora pakietów. Klasyfikator pakietów decyduje, do której trasy i klasy QoS należy każdy pakiet. Jak pokazano na rysunku 2.6, klasyfikator pakietów mapuje przychodzące pakiety na klasy, które są obsługiwane przez planistę pakietów. Packet Scheduler ustawia paczki w kolejce i przekazuje je zgodnie z zakontraktowanym QoS. Ogólnym opisem 2.2 Charakterystyki i Specyfikacji Ruchu 4 jest to, że funkcją Packet Scheduler jest zmiana kolejności w kolejce wyjściowej. Jest jeszcze jeden element, który może być powiązany z Packet Scheduler, estymatorem. Ten komponent służy do pomiaru właściwości schedulera dla ruchu wychodzącego.

41

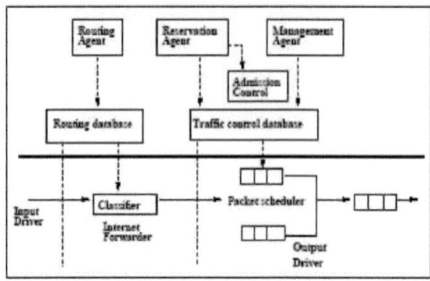

Illustracja 2.6 Obsługa routera IntServ (zaadaptowana z RFC 1633).

2.7.2 CHARAKTERYSTYKA I SPECYFIKACJE RUCHU DROGOWEGO

Deskryptor przepływu, który opisuje ruch i wymagania QoS przepływu, składa się z dwóch części: filtrpec i flowpec. Specyfikacja przepływu (flowspec) składa się ze specyfikacji ruchu (Tspec) i specyfikacji wymagań eksploatacyjnych (Rspec). Rspec definiuje pożądany QoS, podczas gdy Tspec charakteryzuje ruch, który klient albo wysyła do lub odbiera z sieci, albo ruch, który odbiornik odbiera z sieci. Specyfikacja filtra dostarcza informacji potrzebnych klasyfikatorowi pakietów do identyfikacji pakietów, które należą do przepływu danych. Model usługi dotyczy przede wszystkim czasu dostawy paczki. Dlatego też opóźnienie na pakiet jest podstawową metryką stosowaną przez sieć, gdy istnieją gwarancje QoS. Aplikacje są kategoryzowane zgodnie z ich zachowaniem i wymaganiami dotyczącymi rezerwacji zasobów, tj. aplikacje czasu rzeczywistego, takie jak zdalne wideo, wizualizacje, konferencje multimedialne oraz aplikacje elastyczne, które nie są wrażliwe na czas, takie jak poczta elektroniczna, faks itp.

2.7.3 APLIKACJE W CZASIE RZECZYWISTYM

Ważną klasą aplikacji czasu rzeczywistego są aplikacje do odtwarzania. W aplikacji odtwarzającej źródło pobiera sygnał, pakuje go, a następnie przesyła pakiety przez sieć. Na rysunku 2.7 przedstawiono przykład aplikacji audio w czasie rzeczywistym; inne przykłady obejmują transmisję internetową radia i telewizji, telefonię IP oraz wideokonferencje. Sieć wprowadza pewne różnice w opóźnieniu dostarczanych pakietów. Aby ustawić czas odtwarzania, wymagana jest

42

charakterystyka a priori maksymalnego opóźnienia dla aplikacji. Odbiornik rozpakowuje dane, a następnie próbuje wiernie odtworzyć sygnał. Odbywa się to poprzez buforowanie przychodzących danych, a następnie odtwarzanie sygnału ze stałym opóźnieniem przesunięcia w stosunku do pierwotnego czasu odjazdu. Aplikacje czasu rzeczywistego są klasyfikowane jako tolerancyjne lub nietolerancyjne.

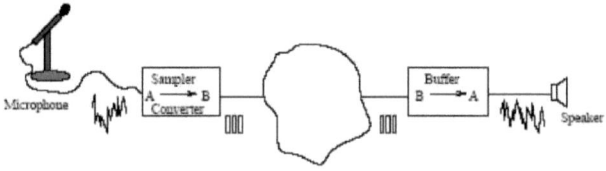

Rys. 2.7 Przykład aplikacji audio dla aplikacji czasu rzeczywistego.

2.7.4 INTOLERANT VS. TOLERANCYJNE ZASTOSOWANIA

Tolerancyjne aplikacje mają wymagania QoS, ale z zakresami lub poziomami, które pozwalają na działanie aplikacji, nawet jeśli nie są zapewnione optymalne poziomy QoS. Niektóre aplikacje mogą sobie pozwolić na sporadyczną utratę danych. Tolerancyjne aplikacje są zazwyczaj nieelastyczne z zakresami wymagań QoS, ale jeśli ich limity QoS zostaną naruszone, mogą nie działać poprawnie. Przykładem tego jest telefonia IP. Z drugiej strony, twarde aplikacje czasu rzeczywistego są przykładami aplikacji nietolerancyjnych. Na przykład, system zarządzania sterowaniem silnika jest trudnym systemem czasu rzeczywistego, ponieważ opóźniony sygnał może spowodować awarię lub uszkodzenie silnika. Każda aplikacja, która ustawia stałe wartości dla swoich wymagań QoS i nie może działać, jeśli te wartości nie są spełnione, jest aplikacją nietolerancyjną.

2.7.5 ZASTOSOWANIA ELASTYCZNE

Podczas gdy aplikacje działające w czasie rzeczywistym nie czekają na przybycie opóźnionych danych, elastyczna aplikacja zawsze czeka na ich przybycie. Wykorzystują one przychodzące dane natychmiast, zamiast buforować je na później, i zawsze czekają na przychodzące dane. Ponieważ dane przychodzące mogą być wykorzystane natychmiast, aplikacje te nie wymagają a priori charakterystyki usługi, aby aplikacja działała. Ogólnie rzecz biorąc, zastosowania elastyczne zależą od średniego opóźnienia i dobrze współpracują z Najlepszym Serwisem Wysiłku. Przykłady to poczta, dostarczanie wiadomości, itp.

2.7.6 KLASY USŁUG

Model IntServ wprowadza dwie dodatkowe klasy usług poza usługą internetową BE: Gwarantowana obsługa.

2.7.6.1 GWARANTOWANY SERWIS

Gwarantowana specyfikacja usługi zapewnia bezpieczne udostępnianie pasma i ścisłe ograniczenie opóźnień w kolejkach dla każdego pakietu w sesji. Innymi słowy, nie próbuje on minimalizować jittera (różnica pomiędzy minimalnym i maksymalnym opóźnieniem datagramu), ale kontroluje maksymalne opóźnienie kolejki. GS gwarantuje, że datagramy dotrą w gwarantowanym czasie dostawy i nie zostaną wyrzucone z powodu przepełnienia. Usługa ta jest przeznaczona dla aplikacji, które wymagają solidnej gwarancji, że datagram dotrze nie później niż w określonym czasie po jego wysłaniu przez źródło. Na przykład aplikacje video "playback".

2.7.6.2 KONTROLOWANA OBSŁUGA ŁADUNKÓW

Usługa kontrolowanego obciążenia jest przeznaczona dla aplikacji adaptacyjnych, które mogą tolerować pewne opóźnienia, ale są wrażliwe na przeciążoną sieć i ryzyko utraty pakietów. Aplikacje adaptacyjne starają się utrzymać postrzeganą jakość na akceptowalnym poziomie nawet w złych warunkach sieciowych. Przykłady obejmują przesyłanie plików, pocztę elektroniczną i dostęp do Internetu. Jest to gwarancja jakościowa, ponieważ aplikacja wymaga możliwości wysyłania pakietów o niskim poziomie strat lub bezstratnych. CLS jest używany zarówno w czasie rzeczywistym, jak i w zastosowaniach elastycznych.

2.7.7 RSVP

RSVP [3] jest protokołem, który został opracowany jako protokół sygnalizacyjny IP dla modelu IntServ. Aby umożliwić rezerwację zasobów, proces RSVP w każdym węźle musi współdziałać z innymi modułami, jak pokazano na rysunku 2.3. Istnieją różnice pomiędzy procesem RSVP w hostie i w routerze. RSVP jest używany przez hosta do żądania pewnej ilości pasma z sieci. Ponadto odbiera i wysyła wiadomości RSVP oraz uwierzytelnia żądania za pomocą modułu kontroli polityki. W routerze proces RSVP przekazuje odpowiednie obiekty do sterowania ruchem. Przechowuje on również te obiekty w stanie przepływu. Proces RSVP wykorzystuje bazy danych routingu do kierowania komunikatów RSVP do odpowiednich miejsc docelowych. RSVP nie jest protokołem routingu; jest przeznaczony do pracy z bieżącymi protokołami routingu unicast i multicast. Na przykład w przypadku trybu Multicast host wysyła komunikaty Internet Group Management Protocol (IGMP) w celu dołączenia do grupy Multicast, a następnie wysyła komunikaty RSVP do zasobów wzdłuż ścieżki (ścieżek) dostawy tej grupy. We wszystkich węzłach, dwa moduły, moduł kontroli wejść i moduł kontroli polityki, obsługują wnioski o rezerwację zasobów. Moduł kontroli dostępu określa, czy węzeł posiada wystarczające dostępne zasoby, aby zapewnić wymaganą jakość usług. Moduł Policy Control określa, kto może, a kto nie może rezerwować zasobów sieciowych w danym węźle. Jeżeli oba testy zakończą się sukcesem, to

zaprzestać działalności

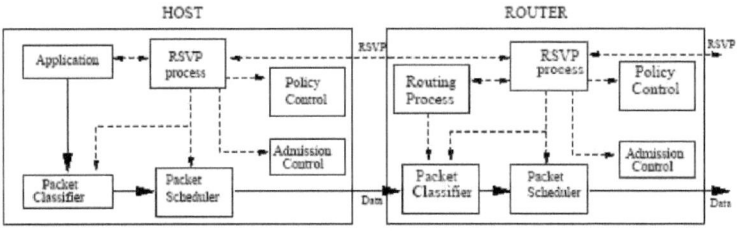

Rysunek 2.8: Architektura RSVP.

w klasyfikatorze paczek i w planerze paczek do dokonania rezerwacji. Jeśli jednak któryś z tych testów nie powiedzie się, program RSVP zwraca powiadomienie o błędzie do aplikacji źródłowej.

2.7.8 PRZEPŁYW DANYCH

W RSVP przepływ danych jest sekwencją datagramów, które mają to samo źródło, miejsce przeznaczenia i jakość usługi. RSVP definiuje sesję jako przepływ danych z określonym miejscem docelowym i protokołem warstwy transportowej. Sesja RSVP jest definiowana przez docelowy adres IP (DestAddress), numer protokołu IP (ProtoId) i opcjonalnie port docelowy (DstPort). Adres DestAddress może być adresem unicast lub multicast. Opcjonalny DstPort może być określony przez Transmission Control Protocol (TCP)/User Datagram Protocol (UDP). W konfiguracji sesji, w której DestAddress jest Multicast, nie trzeba podawać adresu DstPort, ponieważ różne sesje zawsze mogą mieć różne adresy sesji Multicast. DstPort jest jednak wymagany; umożliwia on zaadresowanie więcej niż jednej sesji unicast do tego samego hosta odbiorcy.

2.7.9 STYLE REZERWACJI RSVP

Style rezerwacji odnoszą się do zestawu opcji sterowania, które określają szereg obsługiwanych parametrów. Jeśli jes więcej niż jeden przepływ, to router musi dokonać rezerwacji, aby pomieścić je wszystkie. RSVP obsługuje dwie główne klasy rezerwacji: osobną rezerwację dla każdej stacji typu upstream oraz wspólną rezerwację dla grup stacji, o których wiadomo, że nie kolidują ze sobą. Tabela 2.1 ilustruje te dwa rodzaje zastrzeżeń. Trzy typy rezerwacji zdefiniowane w RSVP to Wildcard Filter (WF), Fixed Filter (FF) i Shared Explicit (SE).

Wybór Wybór **Wybór**	Rozróżnienie między nadawcami	Współdzielone przez nadawców
Wyraźnie	Filtr stały (FF)	Wildcard filter (WF) styl
Placeholder	Nieokreślony	Styl "Common Explicit (SE)

Tabela : Atrybuty i style rezerwacji.

Wildcard filter style. Router tworzy jedną rezerwację, która jest wspólna dla wszystkich nadawców w sesji. Styl WF jest stosowany, gdy przepływy od różnych nadawców nie występują jednocześnie; można go traktować jako wspólną rurę, której rezerwacja opiera się na największym zapotrzebowaniu. Przykładem WF

46

jest sesja konferencji audio, w której tylko jeden uczestnik może zabrać głos przez automatycznego moderatora. W tym przypadku każde łącze łączące nadajnik i odbiornik wymaga odpowiedniej szerokości pasma do obsługi sygnału głosowego, tzn. zarezerwowane pasmo jest współdzielone przez wszystkie nadajniki. Styl WF jest symbolicznie reprezentowany przez WF(_Q), gdzie gwiazdka oznacza wybór przetwornika z uchwytem i Q dla specyfikacji przepływu.

Styl z filtrem stałym. Styl FF tworzy unikalną rezerwację na pakiety danych od konkretnego nadawcy i nie dzieli jej z pakietami od innych nadawców na tę samą sesję. Oznacza to, że dla N przepływów N dokonuje się różnych rezerwacji. Przykładem FF jest sesja wideokonferencyjna, podczas której każdy z N uczestników otrzymuje obraz wideo od pozostałych N -1 uczestników. W tym przypadku pasmo nie jest współdzielone, co oznacza, że każdy nadawca musi mieć zarezerwowane pasmo na każdym połączeniu, które łączy go z każdym odbiornikiem. Symbolicznie, styl FF jest reprezentowany przez

FF (S1{Q1}, S2 {Q2}, . . .)

gdzie całkowita rezerwacja na link na daną sesję jest sumą Q1, Q2, itp. . . .dla wszystkich żądanych nadawców.

Wspólny, jednoznaczny styl. Styl SE tworzy jedno zastrzeżenie, które może być wspólne dla wielu rzek. Przykładem SE jest streaming wideo, gdzie różne odbiorniki mogą odbierać i wyświetlać obraz wideo w różnej jakości. Szerokość pasma, która musi być zarezerwowana dla danego połączenia, jest wielkością wymaganą dla najwyższego poziomu jakości, przez który przechodzi połączenie. Żądanie rezerwacji SE, które zawiera specyfikację przepływu Q oraz listę przetworników S1, S2, ... może być reprezentowany przez SE ((S1, S2, ...)).

2.7.10 MECHANIZMY PROTOKOŁU RSVP

RSVP News

RSVP jest zorientowanym na odbiorcę protokołem rezerwacji używanym w sieci IntServ do

QoS żądanie sesji aplikacji wzdłuż ścieżki od źródła do miejsca docelowego. Istnieją dwa podstawowe rodzaje wiadomości: PATH i RESV. Jak to opisano w [7] i pokazano na rysunku 2.4,

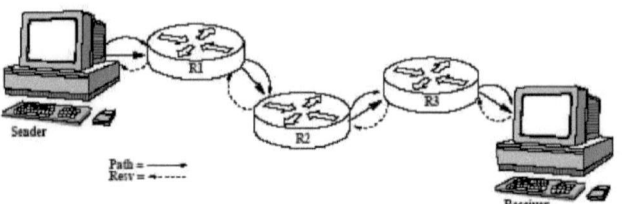

Ilustracja 2.9: Komunikaty RSVP PATH i RESV.

Wszystkie aplikacje obsługujące IntServ wykorzystują RSVP do informowania aplikacji odbiorczej o przychodzącym przepływie, a aplikacja odbiorcza dokonuje rezerwacji. Aplikacja, która chce dokonać rezerwacji na ścieżce komunikacyjnej wysyła komunikat PATH wzdłuż trasy przewidzianej przez protokół routingu. Komunikaty te przechowują status trasy w każdym węźle na trasie, jak również informacje o charakterystyce ruchu i właściwościach końcowych nadajnika. Ścieżka

Status zawiera co najmniej adres IP unicast poprzedniego węzła podskakującego RSVP, który jest używany do kierowania komunikatu RESV hop-by-hop w odwrotnym kierunku. Komunikat PATH zawiera następujące informacje:

• Phop: Adres węzła pre-hopowego z obsługą RSVP, który przekazuje komunikat PATH.

• Szablon nadawcy: Opisuje format pakietów danych, z których nadawca będzie pochodził. Obejmuje to adres IP nadawcy i opcjonalnie port nadawcy.

• Tspec nadawcy: Określa charakterystykę ruchu drogowego nadawcy.

• Adspec: Wiadomość PATH może zawierać promocyjny pakiet informacyjny znany jako Adspec. Zawartość Adspeca może być aktualizowana z dowolnego routera na trasie.

Gdy wiadomość dotrze do odbiorcy, aplikacja odczyta jej treść. Następnie obliczana jest rezerwacja wymagana dla danego przepływu. Odbiornik generuje komunikat RESV i odpowiada przed nim w kierunku nadawcy. Komunikaty RESV podążają odwrotną ścieżką, której będą używać pakiety, a także generują i otrzymują status rezerwacji w każdym routerze znajdującym się na trasie. Jeżeli rezerwacja nie może być dokonana, router zastępuje komunikat RESV komunikatem o błędzie i wysyła go do drzewa rezerwacji.

Routery nie są w stanie negocjować roszczeń w OZE. Jeśli rezerwacja nie powiedzie się, nadawca musi spróbować ponownie z obniżoną liczbą żądań. Komunikat RESV zawiera następujące informacje: TIME-VALUE (okres aktualizacji), FLOWSPEC (pożądane QoS), FILTERSPEC (określa podzbiór pakietów danych, które powinny otrzymać pożądane QoS).

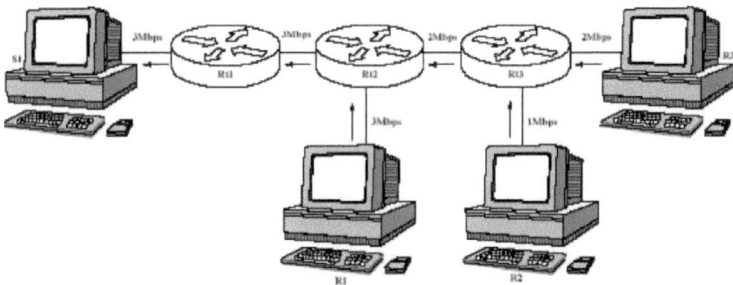

Ilustracja 2.5: Łączenie zastrzeżeń.

2.7.11 MIĘKSZY STAN

Statusy rezerwacji utrzymywane przez RSVP w każdym z węzłów są okresowo aktualizowane przez komunikaty PATH i RESV. Status jest usuwany, jeśli przed upływem czasu na przeprowadzenie czyszczenia nie zostaną odebrane żadne pasujące komunikaty aktualizujące. Ten rodzaj statusu, który jest zarządzany przez timer, jest nazywany statusem miękkim. RSVP wysyła swoje komunikaty jako datagramy IP bez poprawy niezawodności. Okazjonalne straty mogą być tolerowane tak długo, jak długo przechodzi co najmniej jeden z komunikatów aktualizujących k.

Stan ten może być również usunięty za pomocą komunikatu rozbrojeniowego RSVP. Komunikat rozbrojeniowy może zostać zainicjowany przez aplikację w systemie (nadawca/odbiorca) lub przez router w wyniku przekroczenia limitu czasu stanu. Istnieją dwa rodzaje komunikatów rozbrojeniowych: PathTear i ResvTear. PathTear podróżuje do wszystkich odbiorników znajdujących się poniżej punktów inicjacji, a po drodze oczyszcza stany trasy i wszystkie zależne stany rezerwacji. ResvTear oczyszcza stan rezerwacji i przemieszcza się do wszystkich nadajników znajdujących się przed jego punktem inicjacji.

Jeśli wystąpi błąd lub dostępne są niewystarczające zasoby, odpowiedni router wygeneruje komunikat PATHerr lub RESVerr. Wiadomość ta jest odsyłana do nadawcy, a wszelkie rezerwacje już dokonane w routerach pośrednich są anulowane na trasie.

Łączenie zastrzeżeń

Jeśli jest wielu odbiorców, zasób nie jest zarezerwowany dla każdego z nich, ale współdzielony aż do momentu, w którym ścieżki do różnych odbiorców się rozchodzą. Z punktu widzenia odbiorcy, RSVP łączy żądania rezerwacji z różnych odbiorników w punkcie, w którym zbiega się wiele żądań. Wiadomość Resv, która jest przekazywana do poprzedniego chmielu, zawiera flowpec, który jest największym z flowpec'ów żądanych przez następny chmiel, do którego przepływ jest wysyłany. Mówimy, że flowpec'y zostały "połączone".

Na rysunku 2.9, R3 żąda przepustowości 2 Mbps, a R2 1 Mbps. Router Rt3,

---

2.7.12 RSVP

---

która musi dokonać rezerwacji pasma, łączy obie aplikacje. Rezerwacja jest dokonywana na 2 Mbps, czyli większą z tych dwóch, ponieważ rezerwacja przychodząca z prędkością 2 Mbps może obsłużyć oba żądania.

2.8 KOMPONENTY MPLS

11] Router obsługujący MPLS jest nazywany routerem przełączającym etykiety (LSR). LSR oddziela komponenty sterujące i spedycyjne. Istnieją dwa rodzaje LSR w sieci MPLS:

- Edge LSR-y podejmują decyzje dotyczące klasyfikacji i routingu w oparciu o informacje nagłówkowe zawarte w pakiecie IP. Edge LSR można dalej klasyfikować zgodnie z konkretną funkcją, jaką pełnią: Ingress LSR oznacza przychodzące strumienie ruchu IP na krawędzi sieci MPLS. Ingress LSR przekazuje ruch do przodu po skonfigurowaniu LSP za pomocą protokołu sygnalizacji etykiety. LSR Egress LSR usuwa etykiety z wychodzących strumieni ruchu IP na krawędzi sieci MPLS.

- Core LSR routuje pakiety wzdłuż LSP przez sieć w oparciu o informacje zawarte w zastosowanej etykiecie.

2.8.1 BILETY

Etykieta jest definiowana jako krótki, fizycznie spójny identyfikator o stałej długości, używany do identyfikacji FEC. Etykieta dołączona do konkretnego opakowania reprezentuje FEC, do którego dane opakowanie jest przypisane. Etykieta z nagłówkiem podkładki jest przenoszona w nagłówku warstwy 2 wraz z pakietem. Etykieta identyfikuje ścieżkę, którą powinien podążać pakiet. Wartości etykiet mają znaczenie lokalne, to znaczy dotyczą tylko skoków pomiędzy LSR. Router odbierający sprawdza pakiet pod kątem etykiety w celu określenia następnego skoku.

2.8.2 DYSTRYBUCJA ETYKIET

A Label Distribution Protocol (LDP) jest procedurą, w której jeden LSR informuje drugiego o wykonanych przez siebie wiązaniach etykietowych/FEC. Pozwala to również LSR-om na określenie możliwości MPLS pozostałych. FEC związany z LSP wskazuje, które pakiety są mapowane do tego LSP. Dwa LSR, które wykorzystują protokół dystrybucji etykiet do wymiany informacji wiążących etykietę/FEC, są określane jako "rówieśnicy dystrybucji etykiet" w odniesieniu do wymienianych przez nie informacji wiążących. Początkowo LSR wysyła okresowo komunikat "testowy" nad UDP do swoich sąsiadów, aby zidentyfikować potencjalnych rówieśników LDP. Jeśli zostanie wykryty LDP peer, LSR próbuje nawiązać połączenie TCP ze swoim peer.

Architektura MPLS pozwala LSR na wyraźne żądanie etykiety od następnego skoku

51

dla konkretnego FEC, który jest dla tego FEC wiążący. Jest to tzw. downstream-on-demand label distribution. Architektura MPLS pozwala również LSR na dystrybucję wiązań do LSR, które nie zażądały ich wyraźnie. Nazywa się to niezamówioną dalszą dystrybucją etykiet. Oczekuje się, że niektóre implementacje MPLS umożliwią jedynie dystrybucję etykiet na żądanie, inne umożliwią jedynie niezamówioną dystrybucję etykiet na żądanie, a jeszcze inne zrobią obie te rzeczy. Protokół dystrybucji etykiet obejmuje również wszystkie negocjacje, w których muszą uczestniczyć dwaj rówieśnicy dystrybucji etykiet, aby poznać wzajemnie swoje możliwości MPLS. Rozszerzenia do podstawowego LDP zostały zdefiniowane w wyraźnym celu routingu w oparciu o wymagania QoS i CoS. Obejmują one rozszerzenie dla tworzenia LSP związanych z ruchem, tzw. Resource Reservation Protocol-Traffic Engineering (RSVP-TE) [12] oraz protokół Constraint-based Routing (CR-LDP) [13]. RSVP-TE i CR-LDP to mechanizmy sygnalizacyjne wykorzystywane do obsługi inżynierii ruchu (TE) poprzez szkielet MPLS. RSVP jest protokołem sygnalizacyjnym QoS, który jest standardem IETF.

• RSVP-TE jest protokołem sygnalizacyjnym bazującym na RSVP pierwotnie używanym do sygnalizacji połączeń IP-QoS. RSVP-TE obsługuje dystrybucję etykiet i wyraźne trasowanie pomiędzy każdą parą LSR. Protokół RSVP definiuje sesję jako przepływ danych z określonym protokołem warstwy docelowej i transportowej. Jednakże, gdy RSVP i MPLS są połączone, przepływ lub sesja mogą być zdefiniowane z większą elastycznością i uniwersalnością. Węzeł wejściowy LSP wykorzystuje szereg metod do określenia, którym pakietom przypisana jest konkretna etykieta. Po przypisaniu etykiety do zestawu pakietów, etykieta skutecznie określa przepływ przez LSP. Taki tunel LSP nazywamy tunelem LSP, ponieważ ruch przez niego jest nieprzejrzysty dla węzłów pośrednich wzdłuż ścieżki pośredniej z etykietami.

• CR-LDP zawiera rozszerzenia LDP rozszerzające jego możliwości (przeznaczone do dystrybucji etykiet typu "hop-by-hop" w celu obsługi sygnalizacji QoS i wyraźnego trasowania). Pozwala to na rozszerzenie informacji używanych do ustalania ścieżek poza to, co jest dostępne dla protokołu routingu. Label-Stack MPLS wymaga wielu procedur w celu rozszerzenia pakietów warstwy sieciowej o "stosy etykiet", co czyni je "pakietami etykietowanymi". Mechanizm stosu etykiet pozwala na hierarchiczne działanie w domenie MPLS. Stos etykiet jest reprezentowany jako sekwencja wpisów stosu etykiet. Każdy wpis stosu etykiet jest reprezentowany przez 4 oktety. Położenie i format etykiety przedstawiono na rysunku 2.10.

• Wartość etykiety

To 20-bitowe pole zawiera wartość etykiety. Jeśli wpis etykiety znajduje się na górze stosu etykiet, LSR odnosi się do wartości tego pola, aby uzyskać następujące informacje:

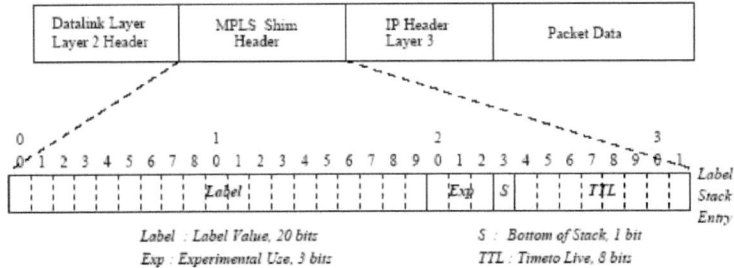

Ilustracja 2.10: Nagłówek MPLS Shim Header.

(a) Następny podskok, do którego należy przekazać paczkę;

(b) Operacja, którą należy wykonać na stosie etykiet przed wysyłką; operacja ta może polegać na zastąpieniu górnego wpisu stosu etykiet innym, ukryciu wpisu ze stosu etykiet lub zastąpieniu górnego wpisu stosu etykiet, a następnie wepchnięciu jednego lub kilku dodatkowych wpisów na stos etykiet.

• Zastosowanie doświadczalne (Exp)

To trzybitowe pole jest zarezerwowane do użytku eksperymentalnego.

• Dno stosu (S)

Jeden z bitów w dolnej części stosu etykiet identyfikuje ostatni wpis w stosie etykiet i zero dla wszystkich pozostałych wpisów w stosie etykiet.

• Time to Live (TTL)

Osiem bitów TTL (Time to Live) zapobiega zapętlaniu pakietów przez sieć. Wartość przypisana do oryginalnej etykiety przez Ingress LSR opiera się na znanej liczbie skoków w zdefiniowanej ścieżce.

2.9 ARCHITEKTURA DO ZMIANY ETYKIET

Przełączanie etykiet MPLS opiera się na dwóch różnych komponentach funkcjonalnych: przekazywaniu i komponencie sterującym. Komponent spedycyjny wykorzystuje etykiety przenoszone przez pakiety oraz informacje o spedycji etykiet zarządzane przez LSR do realizacji spedycji pakietów. Przy przekazywaniu oznakowanego pakietu używana jest opcja Next Hop Label Forwarding Entry (NHLFE). Kiedy wysyłane pakiety przychodzą jako pakiety z etykietami, przychodząca mapa etykiet (ILM) przypisuje każdą przychodzącą etykietę do zestawu NHLFE. FEC-to-NHLFE mapuje również każdy FEC na zestaw NHLFE w celu przekazania nieoznakowanych pakietów, które docierają nieoznakowane i są oznakowane przed przekazaniem. Komponent sterujący jest odpowiedzialny za utrzymanie prawidłowej informacji o przekazywaniu etykiet pomiędzy grupą połączonych ze sobą przełączników etykiet (LSR).

2.9.1 KOMPONENT PODATKOWY

Muszą być przechowywane informacje o sposobie przekazywania pakietów. Komponent kontrolny obejmuje wiązanie etykiet pomiędzy węzłami MPLS i wykorzystuje standardowe protokoły routingu do wymiany informacji z innymi routerami w celu zbudowania i utrzymania tabeli przekierowania.

2.9.2 ELEMENT SPEDYCYJNY

Po nadejściu pakietów, komponent spedycyjny przeszukuje tabelę spedycyjną prowadzoną przez komponent sterujący, aby podjąć decyzję o routingu dla każdego pakietu. Robi to poprzez sprawdzanie informacji z tabeli, gdy nadchodzi paczka. Komponent spedycyjny mapuje informacje w nagłówku pakietu za pomocą tabeli wyszukiwania, aby określić następny skok, a następnie przekazuje je do miejsca docelowego.

2.10 APLIKACJE MPLS

Obecnie istnieją trzy aplikacje dla MPLS w dużych sieciach ISP:

- Inżynieria ruchu drogowego
- Klasa serwisowa (CoS)
- Wirtualne sieci prywatne (VPN).

Inżynieria ruchu drogowego

Internet Traffic Engineering [15] definiowany jest jako aspekt inżynierii sieci, który odnosi się do kwestii oceny i optymalizacji wydajności działających sieci IP. Inżynieria ruchu umożliwia dostawcom usług internetowych przesunięcie ruchu z najkrótszych tras na mniej zatłoczone trasy w sieci. Ze względu na nieprzewidywalny wzrost zapotrzebowania na zasoby sieciowe, inżynieria ruchu jest obecnie głównym zastosowaniem MPLS. Skuteczna inżynieria ruchu może zrównoważyć zagregowane obciążenie sieci na różnych łączach, routerach i przełącznikach w sieci, tak aby żaden z poszczególnych elementów nie był przeciążony lub niedociążony.

2.10.1 KLASA USŁUG

Niektóre routery analizują nagłówek warstwy sieciowej pakietu nie tylko w celu wybrania kolejnej hopki pakietu, ale również w celu określenia priorytetu lub klasy usługi pakietu. Następnie można zastosować różne progi spadania lub dyscypliny planowania do różnych pakietów. MPLS pozwala (ale nie wymaga), aby priorytet lub klasa usługi mogły być wyprowadzone w całości lub w części z etykiety. W tym przypadku można powiedzieć, że etykieta jest kombinacją FEC i priorytetu lub klasy usługi.

2.10.2 WIRTUALNE SIECI PRYWATNE

VPN jest prywatną siecią danych, która wykorzystuje publiczną infrastrukturę telekomunikacyjną, przy czym prywatność jest utrzymywana poprzez zastosowanie protokołu tunelowego i bezpieczeństwa. Sieć VPN można utworzyć, łącząc szereg LPS-ów między witrynami VPN za pomocą dedykowanych dla niej LSP-ów. Każda witryna VPN informuje następnie dostawcę usług internetowych o zestawie prefiksów osiągalnych w ramach lokalnej witryny. Identyfikatory VPN pozawalają pojedynczemu systemowi routingu na obsługę wielu sieci VPN, których adresy wewnętrzne pokrywają się. Każdy przychodzący LSR następnie umieszcza ruch w LSP na podstawie adresu docelowego pakietu.

2.10.3 SURVIVIVABILITY

Przetrwanie sieci odnosi się do zdolności sieci do utrzymania istniejących usług w przypadku awarii urządzeń sieciowych. Ponieważ MPLS jest technologią z wyboru w przyszłych sieciach transportowych opartych na IP, konieczne jest, aby MPLS był w stanie zapewnić mechanizmy odzyskiwania i ochrony ruchu [16]. W trakcie przywracania sprawności, po wystąpieniu awarii, tworzone są nowe trasy, a dotknięty ruch jest następnie kierowany po nowych trasach. W mechanizmie zabezpieczającym (lub wyłączniku zabezpieczającym) ścieżki ochronne są wykorzystywane jako kopie zapasowe ścieżek roboczych i są z góry zdefiniowane. W przypadku wystąpienia awarii, dotknięty ruch jest przełączany na ścieżki ochrony. Te dwie ścieżki są zazwyczaj rozłączone, aby zapewnić, że awaria nie wpłynie na obie ścieżki jednocześnie. Ponieważ po wykryciu awarii należy ustawić ścieżkę do odtworzenia, odtworzenie w celu przywrócenia ruchu trwa dłużej niż ochrona. Z drugiej strony, odzyskiwanie wymaga mniejszych zasobów (np. szerokości pasma) niż ochrona, ponieważ zasoby są aktywowane dopiero po wystąpieniu awarii.

ROZDZIAŁ 3 - METODYKA

Świadczenie gwarantowanych usług dla aplikacji czasu rzeczywistego przez Internet przy użyciu znanych modeli QoS jest obecnie uznanym obszarem badań. Modele IntServ i DiffServ to dwa dobrze znane modele paradygmatu QoS dla dostarczania usług gwarantowanych przez Internet. Niniejsze opracowanie koncentruje się na analizie zachowania się wyżej wymienionych modeli QoS z ruchem krytycznym w czasie. Badanie ocenia wyżej wymienione techniki QoS w celu określenia ich znaczenia dla aktualnych wymagań ruchu internetowego poprzez symulację tych modeli w analogowym środowisku symulacyjnym.

3.1 POPULACJA I POBIERANIE PRÓBEK

Badanie jest korzystne dla średnich organizacji zainteresowanych konfiguracją swoich sieci WAN dla czasowo wrażliwych przepływów ruchu z wykorzystaniem modeli IntServ lub DiffServ QoS. Symulacja oparta na systemie OPNET jest wykorzystywana do zbierania wyników badań. W symulacji zostaną zamodelowane różne aplikacje odpowiedzialne za generowanie losowego ruchu w Internecie. Poniżej znajduje się lista tych strumieni pakietów:

1. przeglądanie stron internetowych
2. Usługa pocztowa
3. Transfer plików
4. Dostęp do bazy danych
5. Zdalny dostęp
6. Interaktywne multimedia (głos / video)

Sieć WAN jest modelowana za pomocą podsieci i podłączania routerów szkieletowych, jak pokazano na poniższym rysunku.

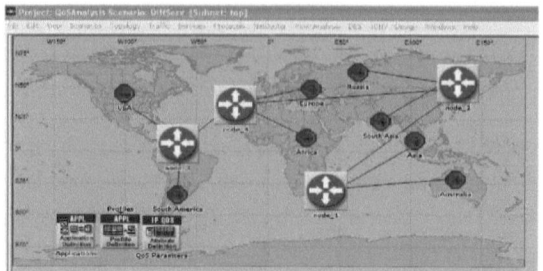

Rysunek 3.1 Topologia sieci

Każda podsieć składa się z serwerów, które generują ruch danych w sieci 1000BaseX LAN i podłączają router i przełącznik. Konfiguracja jest pokazana w następującej konfiguracji.

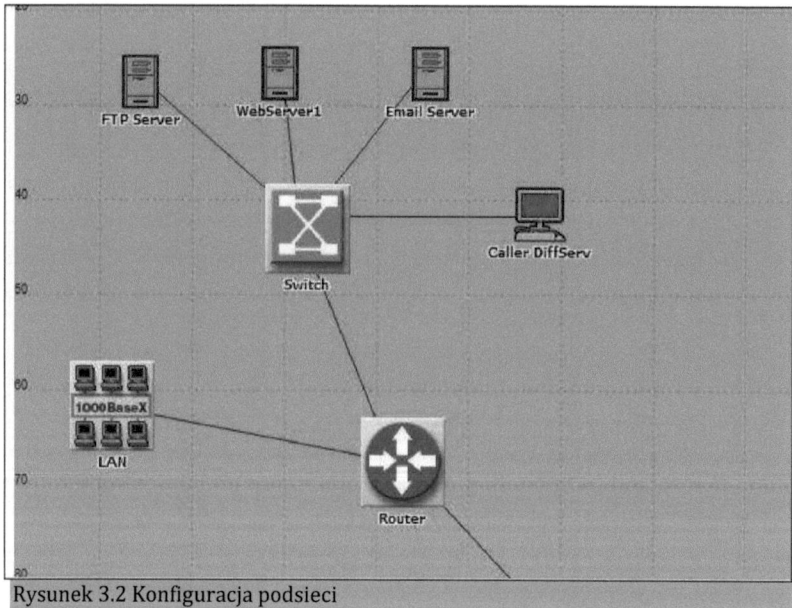

Rysunek 3.2 Konfiguracja podsieci

W obrębie podsieci połączenia są 1000BaseX, natomiast połączenia szkieletowe to PPP DS3 do symulacji.

Sytuacja związana z zatłoczeniem ruchu drogowego z połączonymi routerami. Symulacja wprowadziła różne profile do losowego uruchamiania aplikacji do generowania ruchu. Dla ruchu o kluczowym znaczeniu czasowym, interaktywne wideo ustawia górną granicę wymaganych zasobów w porównaniu z mową, tak więc symulacja jest skonfigurowana tak, aby utrzymać górną granicę.

3.2 OPRZYRZĄDOWANIE

Optimized Network Engineering Tool (OPNET) zapewnia kompleksowe środowisko symulacyjne, które służy jako środowisko testowe do modelowania złożonych problemów komunikacyjnych. OPNET dostarcza różnych metod i technik nie tylko do modelowania problemów badawczych, ale także do analizy wyników symulacji i uzyskiwania optymalnych rozwiązań. OPNET oferuje środowisko symulacyjne w postaci dwóch głównych platform, akademickiej wersji Guru IT oraz Modelera OPNET. Akademicka wersja IT Guru Academic jest ograniczona w swojej naturze i wymusza symulację do następujących ograniczeń:

Maksymalna liczba węzłów pośrednich może być mniejsza lub równa 20 %.

Maksymalna liczba zdarzeń symulacyjnych może być ustawiona od 50000

Wprowadza ograniczenia dla przedsiębiorstw użyteczności publicznej zajmujących się przywozem i wywozem

Zapewnia bardzo niewiele sposobów na modelowanie problemów z sieciami bezprzewodowymi

mając na uwadze, że modelarz OPNET oferuje

Setki protokołów z modelami urządzeń od producentów

Wsparcie dla wysokowydajnych symulacji równoległych

Obsługa symulacji rozproszonych w oparciu o standard IEEE dla symulacji rozproszonych Architektura Wysokiego Poziomu (HLA)

Dostarczanie symulacji w czasie rzeczywistym za pomocą modułu System-In-Loop

Otwarty interfejs do komunikacji symulacji działających w innym środowisku

W badaniu wykorzystano OPNET Modeler 14.0 do symulacji w celu analizy jakości modeli usług. OPNET zapewnia pełną obsługę modeli IntServ i DiffServ paradygmatu QoS.

3.4 PROCEDURA I RAMY CZASOWE

Studium składa się z praktycznej pracy nad symulacją modeli IntServ i DiffServ oraz porównania ich wyników symulacyjnych z tradycyjnym Internetowym Modelem

Najlepszego Wysiłku. Badanie kończy się analizą wyników symulacji tych trzech uczestników. Po tym następuje szczegółowy opis procesu wymaganego do skonfigurowania tych trzech uczestników do symulacji.

3.4.1 MODEL NAJLEPSZEGO WYSIŁKU

Domyślnie, OPNET konfiguruje każdą aplikację zgodnie z modelem Best Effort. Dlatego topologia pokazana na rysunku 3.1 jest domyślnie skonfigurowana zgodnie z modelem najlepszego wysiłku.

3.4.2 ZINTEGROWANY MODEL USŁUGOWY QOS

Model IntServ wykorzystuje system sygnalizacyjny Resource Reservation Protocol (RSVP) dla swoich dwóch klas, klasy Guaranteed Best Effort i klasy Controlled Load. RSVP obejmuje tę sygnalizację w następujący sposób. Nadawca wysyła do odbiorcy komunikaty PATH w oparciu o zasoby wymagane dla danego przepływu w celu zainicjowania sesji komunikacyjnej. Jeśli odbiorca przyjmie zaproszenie do udziału w sesji IntServ, generuje komunikat RESV z powrotem do nadawcy po przydzieleniu mu zasobów potrzebnych do sesji. Ten komunikat RESV pozwala węzłom pośrednim na przydzielenie wymaganych zasobów. W przypadku niedostępności zasobów, każdy z tych węzłów pośrednich może wysłać komunikat o błędzie, aby anulować sygnalizację zobowiązania QoS. Schemat ten można zilustrować poniższym rysunkiem.

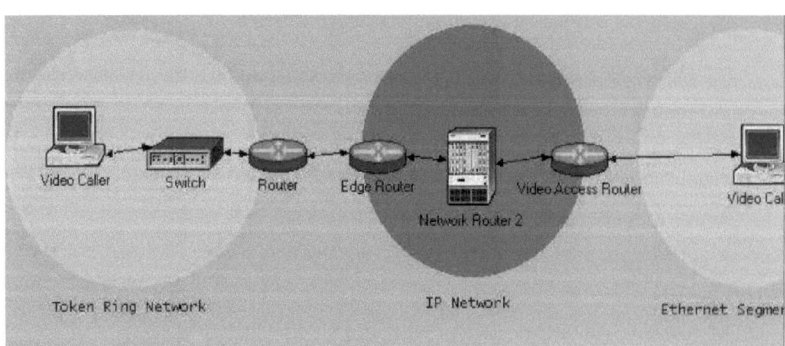

Rysunek 3.3 Przykładowy scenariusz sieciowy

Klient w sieci typu token ring zamierza rozpocząć sesję wideokonferencyjną ze zdalnym węzłem Ethernet. Odcinek IntServ u klienta wyzwala sygnał rezerwacji zasobów do odbiornika. Gdy odbiornik odpowiada komunikatem RESV, pośrednie węzły sieciowe przydzielają zasoby dla tego konkretnego przepływu; w tym przypadku Video Access Router, Network Router 2 oraz Edge Router rezerwują zasoby na sesję. W związku z tym

60

osoba dzwoniąca na wideo otrzymuje gwarantowane usługi dla tego konkretnego przepływu.

Teraz pojawia się pytanie, w jaki sposób to badanie umożliwia modelowi IntServ odpowiedzieć na pytania badawcze. Aby włączyć IntServ dla czasowo wrażliwego przepływu ruchu, OPNET dostarcza parametry w formie rozproszonej. OPNET definiuje kilka kroków wymaganych do aktywacji modelu IntServ w celu przeprowadzenia symulacji.

3.5 UMOŻLIWIAJĄ PRZEPŁYWY INTSERV:

Aby aktywować model IntServ na węzłach nadajnika i odbiornika modelu komunikacyjnego, wymagane są następujące parametry, które muszą być skonfigurowane w następujący sposób

Dodaj obiekt definicji atrybutu QoS w symulacji.

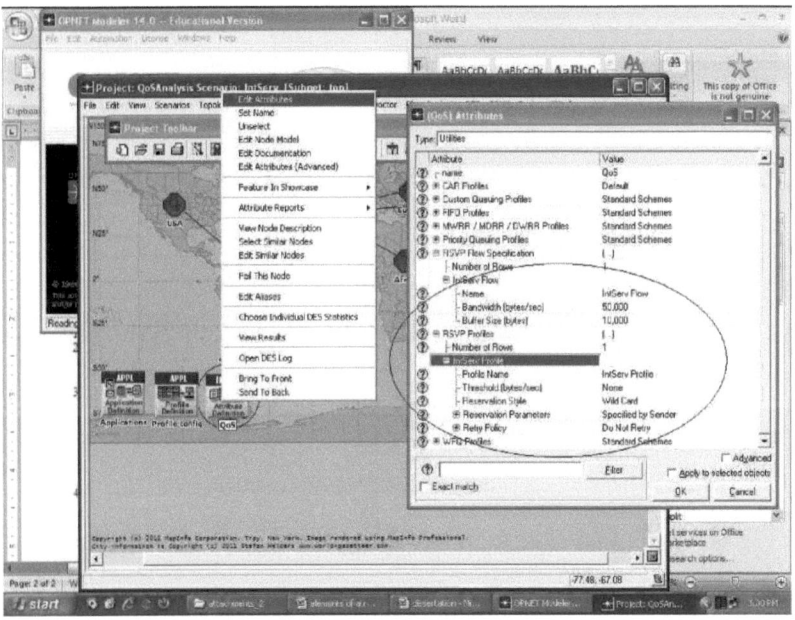

Edycja atrybutów obiektu QoS w celu zdefiniowania przepływu IntServ w zakładce Specyfikacja przepływu RSVP, jak pokazano na poniższym rysunku

61

Definiowanie aplikacji krytycznej pod względem czasowym za pomocą obiektu definicji aplikacji

Edytuj definicję aplikacji i zdefiniuj parametry RSVP jak pokazano na poniższym rysunku

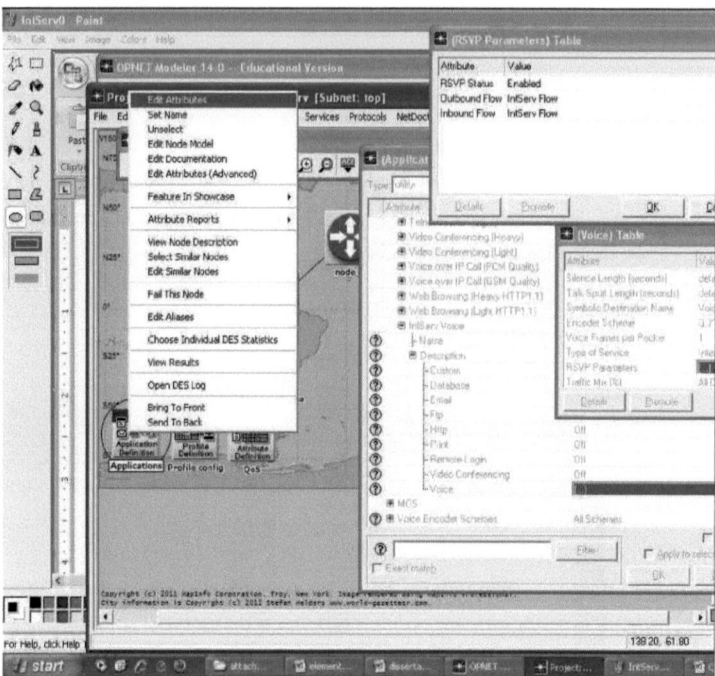

Rysunek 3.5 Konfigurowanie obiektu definicji aplikacji

Edycja atrybutów modelu stacji roboczej, która jest nadawcą

W zakładce Atrybuty aplikacji należy dokonać edycji atrybutów RSVP w sposób przedstawiony na poniższym rysunku

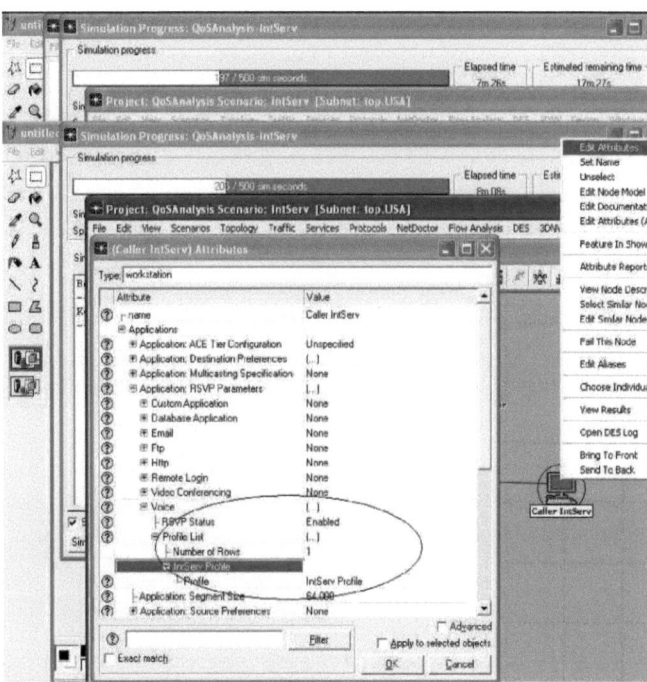

Illustracja 3.6 Konfiguracja modelu stacji roboczej

Edytuj tabelę informacyjną interfejsu w zakładce IP QoS Parametry atrybutów IP i ustaw
odpowiednie wartości dla parametrów RSVP, jak pokazano na poniższym rysunku.

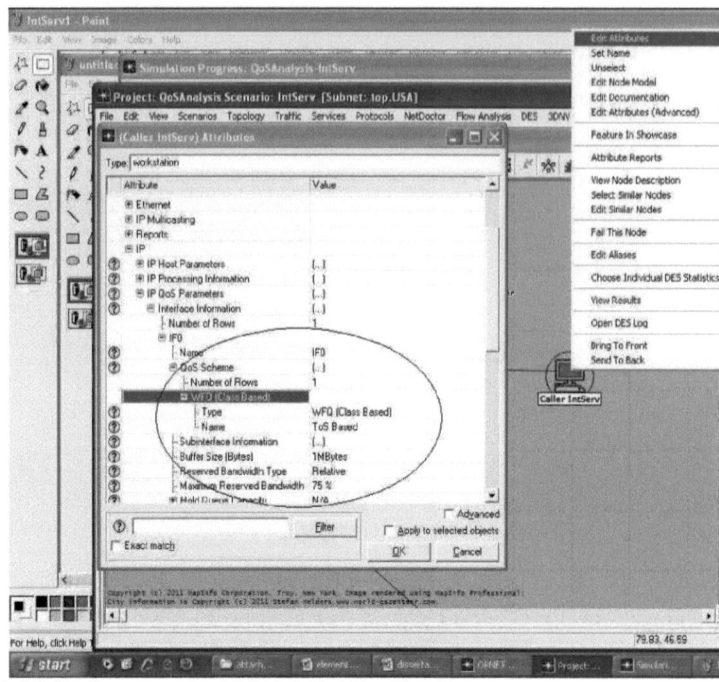

Rysunek 3.7 Konfigurowanie obiektu definicji aplikacji

Ustawić odpowiednie wartości dla atrybutów RSVP modelu stacji roboczej nadawcy, jak pokazano na poniższym rysunku

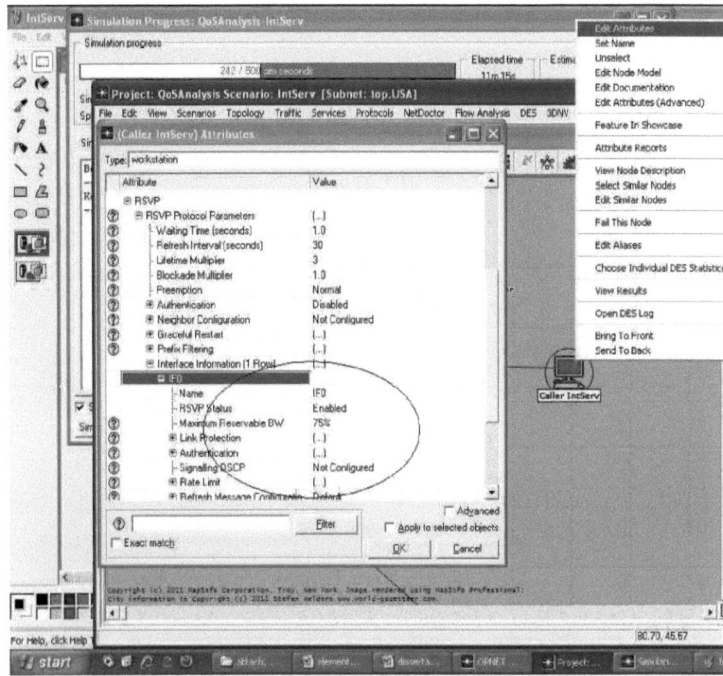

Rysunek 3.8 Konfigurowanie obiektu definicji aplikacji

Aby aktywować model IntServ na pośrednich węzłach symulowanej sieci, wymagane są następujące parametry, które muszą być skonfigurowane w następujący sposób

Edycja atrybutów modelu węzła routera

Edycja tabeli informacyjnej interfejsu pod parametrami IP QoS w zakładce Atrybuty IP

Edytuj atrybuty RSVP modelu węzła routera, jak pokazano na poniższym rysunku

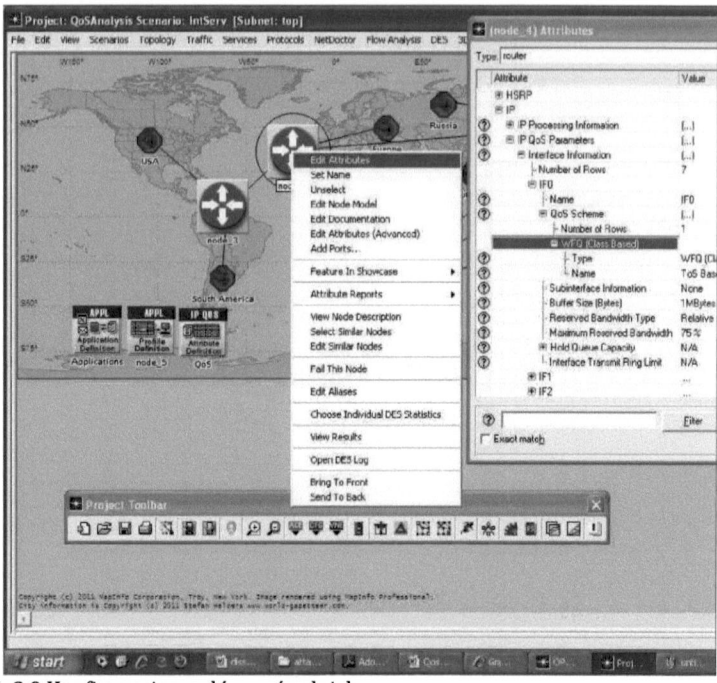

Rysunek 3.9 Konfiguracja węzłów pośrednich

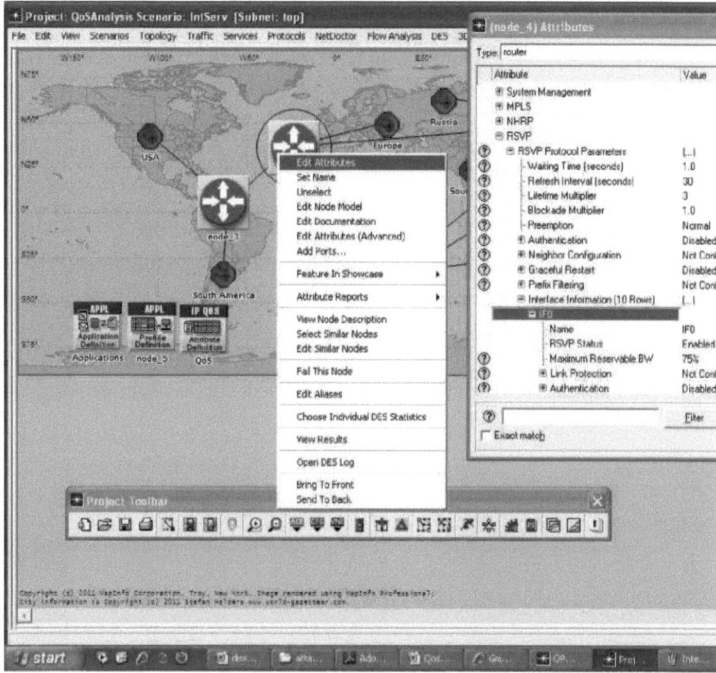

Rysunek 3.10. Konfiguracja węzłów pośrednich

3.6 ZRÓŻNICOWANY MODEL USŁUG QOS

W przeciwieństwie do ram QoS IntServ, model DiffServ skupia się na efektywnym wykorzystaniu zasobów sieciowych, a nie na kosztownym utrzymywaniu miękkich stanów poszczególnych przepływów. Model DiffServ dzieli swoje routery domenowe na dwie kategorie

Router krawędziowy

Rdzeń routera

Routery brzegowe są odpowiedzialne za różnicowanie ruchu przychodzącego na różne szerokie kategorie klas ruchu, podczas gdy routery rdzeniowe nadają priorytet routingowi tych klas. Model DiffServ zastępuje model IntServ, ponieważ nie ma potrzeby utrzymywania stanu tysięcy pojedynczych przepływów w sieci, a zamiast tego ruch jest skutecznie kierowany jako funkcja oparta na priorytetach. DiffServ opracowuje również dwie główne klasy ruchu, Expedited Forwarding i Assured Forwarding, które zostały sformułowane w 1999 roku w wyniku badań przeprowadzonych przez Internet Engineering Task Force (RFC-2598 i RFC-2597).

3.7 AKTYWOWAĆ MODEL DIFFSERV:

Wdrożenie modelu DiffServ w symulacji OPNET wymaga przypisania kodów DSCP do różnych strumieni aplikacji oraz skonfigurowania routerów sieciowych do przypisywania ważonych kolejek targów (WFQ) do priorytetowego spedycji. Do ustawienia tego układu wymagane są następujące konfiguracje.

Definiowanie aplikacji krytycznej pod względem czasowym za pomocą obiektu definicji aplikacji

Edytuj definicję aplikacji i określ typ usługi na podstawie kodu DSCP, jak pokazano na poniższym rysunku

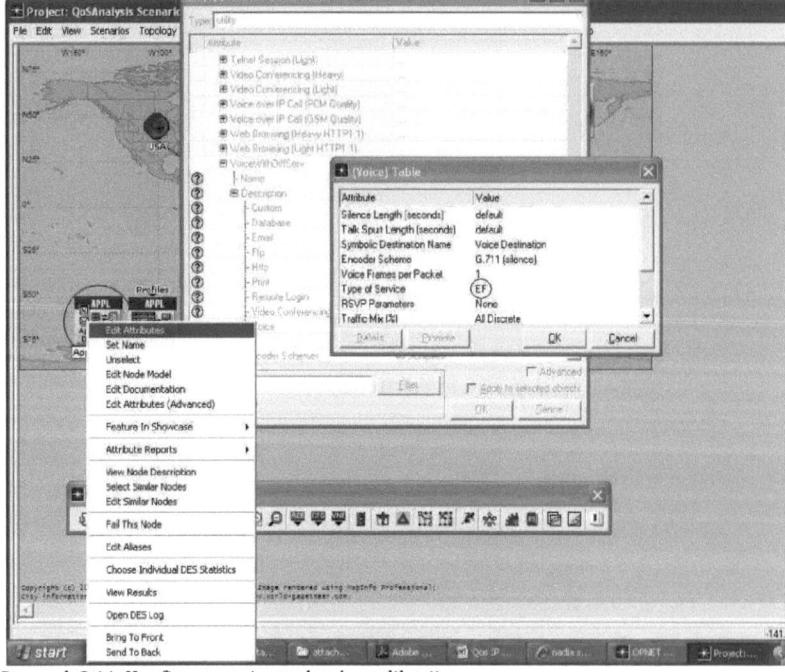

Rysunek 3.11. Konfigurowanie atrybutów aplikacji

Zdefiniować ważone kolejki targów (WFQ) w oparciu o kody DSCP na interfejsach węzłów pośrednich wybierając QoS z menu Protocol i podmenu IP, jak pokazano na poniższym rysunku.

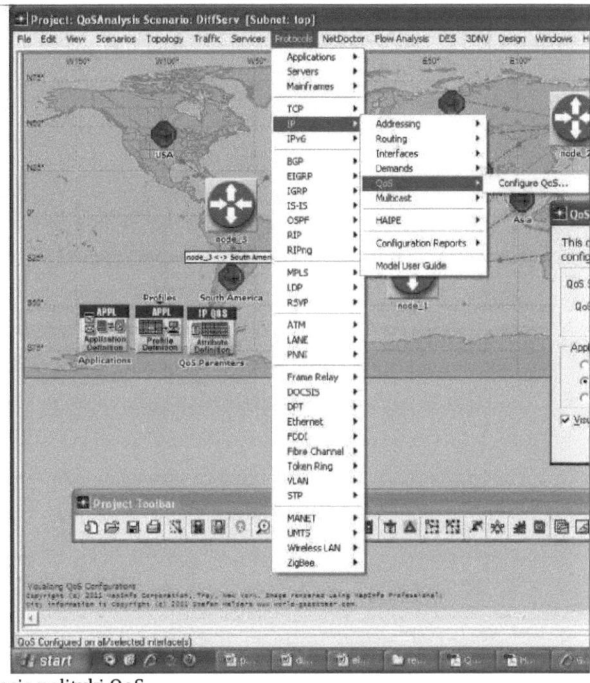

Rysunek 3.12. Konfiguracja polityki QoS

3.8 PLAN ANALIZOWY

Rosnące obciążenie ruchem multimedialnym w Internecie wymaga rewolucyjnego zastosowania mechanizmu QoS. Doskonalenie modeli QoS i dekodowanie innych złożonych zagadnień w ramach paradygmatu QoS to niekończące się zadania. Badanie to ogranicza jednak swój horyzont badawczy do praktycznej pracy polegającej na symulacji modeli Best Effort, IntServ QoS i DiffServ Qos. Praca praktyczna opiera się na symulacji zdarzeń dyskretnych, która opiera się na trzech scenariuszach, każdy dla Najlepszego Wysiłku, IntServ i DiffServ. Symulacja opiera się na 50.000 zdarzeń dla każdego okresu aktualizacji. Trzy scenariusze, reprezentujące każdy model, są odtwarzane w 500-sekundowym interwale symulacji. Istnieją trzy kategorie statystyk dostępnych w

69

systemie OPNET do analizywyników symulacji. W niniejszym opracowaniu wybrano następujące statystyki z tych kategorii:

Odbierany ruch

Opóźnienie pakietu od końca do końca

Zmiana opóźnienia pakietu

3.9 WAŻNOŚĆ I NIEZAWODNOŚĆ

W niniejszym opracowaniu wykorzystano system OPNET jako podstawę badań; dlatego też zakres trwających obecnie niejednorodnych badań różnych uniwersytetów na całym świecie za pośrednictwem systemu OPNET ma na celu wsparcie zasadności tych prac. Prace badawcze z doskonałym współczynnikiem wpływu zostały opublikowane na całym świecie z wykorzystaniem środowiska symulacji OPNET. Dzisiejsze symulacje opierają się na realistycznym modelowaniu istniejących obiektów, więc wyniki symulacji zbliżają się do wysokiego poziomu dokładności. Zastosowanie symulacji nie ogranicza się do modelowania sieci komunikacyjnych, ale obejmuje również wymagające obszary, takie jak inwestycje kapitałowe, chirurgia, aerodynamika itp. Rosnąca liczba uczelni przystępujących do programu uniwersyteckiego OPNET świadczy o zaufaniu świata akademickiego do środowiska symulacyjnego OPNET Technologies, Inc.

Teoretycznie, model Internetu Najlepszego Wysiłku nie ma porównania z modelami Internetowymi obsługującymi QoS; te pierwsze nie rozróżniają przepływu ruchu uzależnionego od czasu od reszty ruchu. Jednak w pewnych szczególnych okolicznościach model Best Effort zachowuje się w sposób bardziej efektywny w porównaniu z modelami wyposażonymi w QoS. Weź pod uwagę przypadek, w którym sieć jest skonfigurowana z modelem DiffServ QoS. Cały ruch wrażliwy na czas trafia do kolejek o wysokim priorytecie, podczas gdy pozostały ruch trafia do kolejek o niskim priorytecie w obrębie routerów sieci. Załóżmy, że większość ruchu jest zależna od czasu. Nadchodzi czas, gdy kolejki o wysokim priorytecie zapełniają się i pakiety są porzucane, nawet jeśli jest miejsce w kolejkach o niskim priorytecie. Cóż, gdyby sieć mogła być skonfigurowana z wykorzystaniem modelu Best Effort. System mógłby wykorzystać wszystkie swoje kolejki do zabezpieczenia pakietów przed zrzuceniem. Model jakości usług IntServ jest podobny: jeśli zasoby w jednym z węzłów pośrednich nie są obiecujące dla gwarantowanych usług, sieć odmówi obsługi użytkownika. Natomiast model Best Effort nigdy nie rezygnuje ze świadczenia usług, nawet jeśli firma IntServ odmawia ich utrzymania.

Aby ocenić wiarygodność badania, dwa rodzaje są weryfikowane w następujący sposób: Wiarygodność test-retest jest weryfikowana poprzez przeprowadzenie symulacji z różnymi wartościami czasu i ocenę trendów wyników.

Wiarygodność wewnętrznej spójności jest sprawdzana poprzez porównanie wyników symulacji poszczególnych elementów uczestniczących w projekcie z wynikami symulacji jako całości; oba wyniki podążają za tymi samymi trendami.

3.10 ADOPCJE

Podstawą tych badań jest środowisko symulacyjne OPNET. Dlatego też przyjmuje się maksymalne założenia dotyczące optymalnego funkcjonowania tego środowiska. Poniżej znajduje się lista niektórych kluczowych założeń dotyczących systemu OPNET:

Pęknięty ruch podąża za schematem rosnącej wykładniczo przepustowości, jak określono w atrybutach profilu aplikacji

Ruch zależny od czasu podąża za schematem stałej prędkości bitowej określonym w atrybutach profilu aplikacji

Funkcja routingu sieci nie wprowadza całkowitego opóźnienia w ruchu.

3.11 ZAKRES I OGRANICZENIA

Badanie to ogranicza się do modelowania symulacji średniej wielkości sieci rozległej w celu analizy wpływu dwóch schematów QoS (IntServ i DiffServ) na przepływy ruchu o znaczeniu krytycznym w czasie. Ograniczony czas, jaki był dostępny, zmusił to badanie do wdrożenia DiffServisu bez MPLS. Efektywność modelu DiffServ została znacząco poprawiona poprzez wprowadzenie jego wdrożenia w sieciach MPLS.

71

ROZDZIAŁ 4 - WYNIKI

4.1 OPIS PRÓBKI

Symulacja jest modelowana jako sieć WAN średniej wielkości. Małe podsieci są rozmieszczone na całym świecie i połączone za pomocą łączy DS0 oraz trzech połączonych ze sobą routerów szkieletowych. Każda podsieć zawiera generujące ruch sieci LAN, którym przypisano różne profile użytkowników w celu generowania losowego ruchu. Symulacja ma wideo rozmówcę w podsieci Europa i wideo odebrane w podsieci Ameryka Południowa. Podobnie, w podsieci Australii znajduje się rozmówca głosowy, a słuchawkę można zobaczyć w podsieci USA. OPNET nie pozwala na konfigurację modelu IntServ poprzez model LAN. Do konfiguracji modelu IntServ QoS wymagany jest indywidualny model węzła.

4.2 ANALIZA

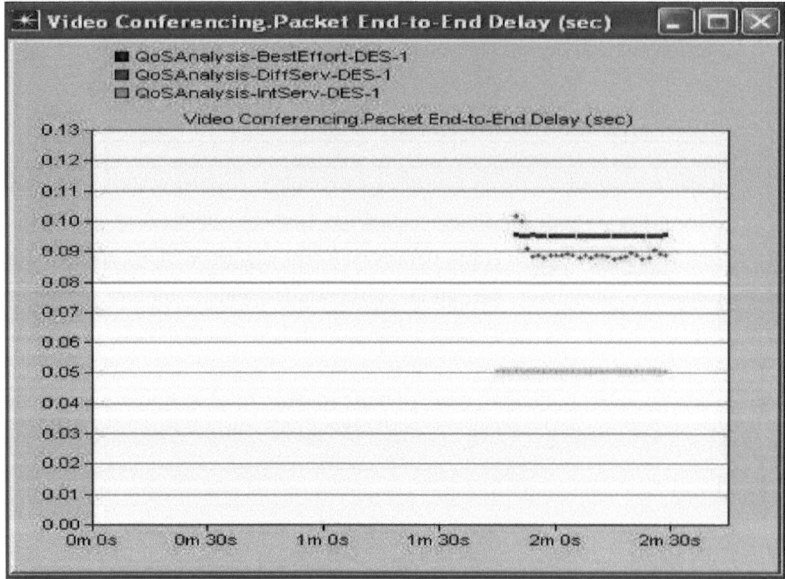

Rysunek 4.1 Opóźnienie od końca do końca
Na rysunku 4.1. przedstawiono statystykę opóźnień pakietów od końca do końca w zależnym od czasu przepływie ruchu.

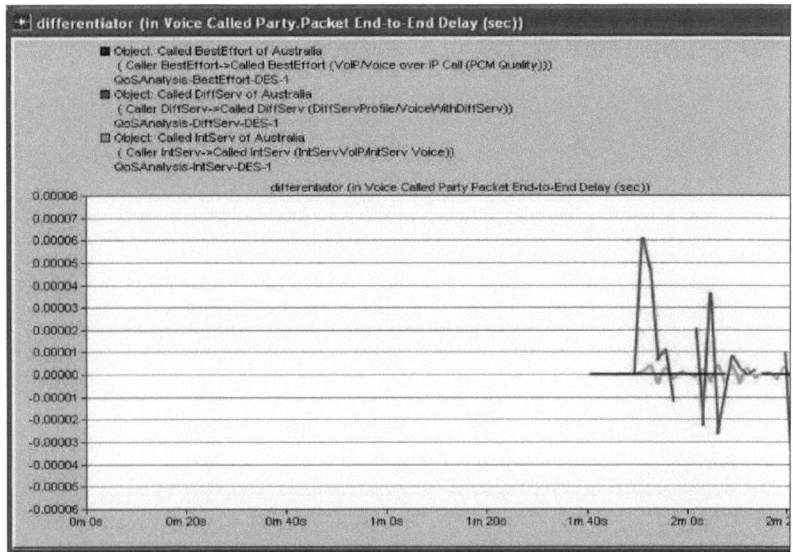

Rysunek 4.2 Opóźnienie od końca do końca (różnicownik)

Rysunek 4.2 przedstawia statystyki różnicujące opóźnienia pakietów od końca do końca dla zależnego od czasu przepływu ruchu.

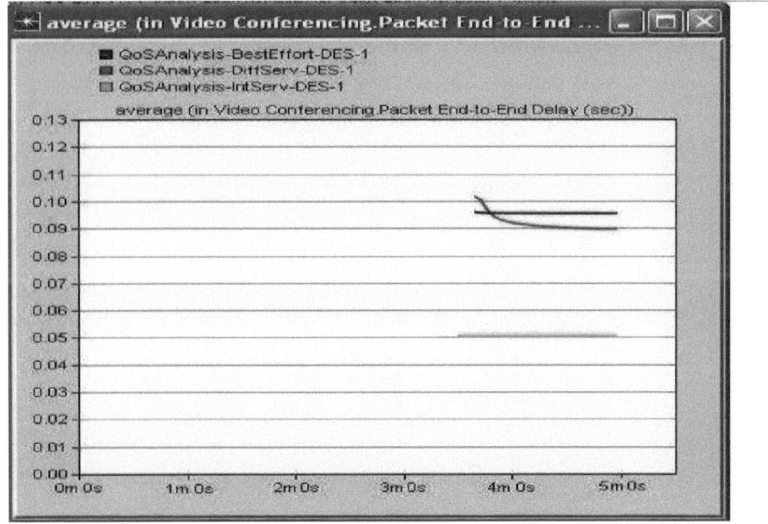

Rysunek 4.3 Opóźnienie od końca do końca (dłuższy czas trwania)

Rysunek 4.3 przedstawia opóźnienie pakietu od końca do końca dla zależnego od czasu przepływu ruchu w symulacji o dłuższym czasie trwania

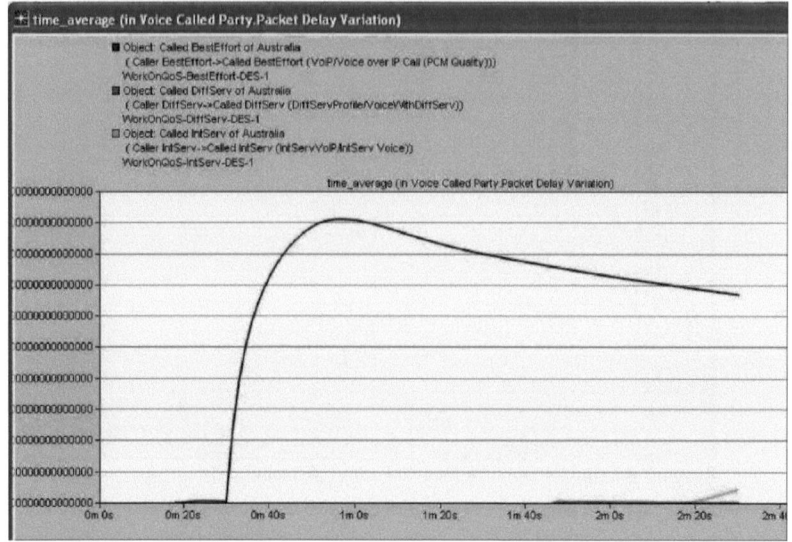

Rysunek 4.4 Zmiany opóźnienia

Rysunek 4.4 Zmiany opóźnień w przepływie ruchu w zależności od czasu

ROZDZIAŁ 5 - WNIOSKI I ZALECENIA

Podczas badania symulacja jest skonfigurowana na 200 sekundowy czas symulacji na procesorze Intel® Core™2 Duo z 2 Giga RAM. Rdzeń symulacji potrzebuje jednej godziny na stworzenie wszystkich scenariuszy wymienionych w rozdziale 3 niniejszego raportu i ostateczne wygenerowanie wyników. Wyniki badania pokazują kilka interesujących aspektów tego badania dla przepływów ruchu wrażliwych na czas w odniesieniu do tych modeli QoS.

Gdy ruch wrażliwy na czas (zwłaszcza ruch wideo) ma zmienny charakter, DiffServ QoS wykazuje duże opóźnienia od końca do końca, jak pokazano na wykresie Video Traffic Differentiator w ostatnim rozdziale. Zarówno modele IntServ, jak i Best Effort są równie dobrym wyborem, ponieważ te dwa modele nie wykazują dramatycznych zmian ze względu na zmienny ruch w zależności od czasu.

Jeśli przyjrzymy się wynikom końcowego opóźnienia próbkowanego przy użyciu funkcji uśredniania czasu, dowiemy się, że model Best Effort napotyka na stałe opóźnienie w obliczu ograniczeń sieciowych, podczas gdy DiffServ ma tendencję do redukcji końcowego opóźnienia w funkcji czasu. Co ciekawe, modele IntServ wykazują mniejsze opóźnienie od końca do końca, a trend ten podąża za stałym wzorcem.

Wykres zmienności spowolnienia tych trzech modeli wnosi inny aspekt ich zachowania. Model Best Effort wykazuje wykładniczy wzrost zmienności opóźnienia, podczas gdy modele QoS wykazują nieznaczną zmienność opóźnienia.

5.1 DYSKUSJA

Podczas gdy model DiffServ wycofał się z modelu QoS IntServ, model IntServ daje najlepsze gwarancje jakości usług end-to-end. Znaną przyczyną najlepszej wydajności IntServ jest podstawa awarii modelu; utrzymywanie indywidualnych przepływów end-to-end poprzez utrzymywanie ich stanu w ramach pośrednich routerów nie jest realnym rozwiązaniem dla sieci z tysiącami węzłów komunikacyjnych. Kolejnym powodem do stopniowego wycofywania modelu IntServ QoS jest jego część sygnalizacyjna; ustawienie sesji wymaga sygnalizacji rezerwacji zasobów RSVP. Sygnalizacja ta wymaga czasu, zanim przepływ ruchu zostanie przesłany, a zatem powoduje znaczne opóźnienie w nawiązaniu łączności. Podczas gdy model DiffServ QoS jest wolny od negocjacji opartych na sygnalizacji, informacje dotyczące klasy ruchu są dostarczane wraz z pakietami z routerów brzegowych. Podstawowe routery prowadzą je zgodnie z tą klasą ruchu i nie ma potrzeby utrzymywania szczegółowego stanu każdego przepływu ruchu.

Wyniki pokazują również statystyczną przewagę modelu IntServ QoS nad modelem DiffServ. Na szczęście, IntServ udziela gwarancji tam, gdzie DiffServ nie udziela gwarancji; na przykład, DiffServ nie udziela usług gwarantowanych poza routerami brzegowymi. W związku z tym, ruch jest podatny na każdy problematyczny stan przed routerem krawędziowym. Jednakże IntServ oferuje kompleksowe gwarancje, aby zapewnić jakość usług w całej sieci.

5.2 ZALECENIA

Polecam naukowcom zmodyfikowanie modelu DiffServ w celu zapewnienia stałej jakości usług. Host może w jakiś sposób ustawić ścieżkę dla ruchu wrażliwego na czas z routerami brzegowymi za pomocą sygnalizacji RSVP. A routery krawędziowe mogą obsługiwać resztę modelu DiffServ.

Modelowanie symulacji za pośrednictwem sieci OPNET dla celów badania porównawczego modelu DiffServ opartego na IntServ i MPLS jest kolejną zalecaną w przyszłości pracą skoncentrowaną na tym badaniu.

DEFINICJE SŁÓW:

ROZDZIAŁ 1

-                                    Niejednorodne **sieci**: Niejednorodna sieć

to sieć

Łączyć komputery i inne urządzenia z różnymi systemami operacyjnymi i/lub protokołami. Na przykład, sieci lokalne (LAN), które łączą komputery osobiste z systemem Microsoft Windows i Linux z komputerami Apple Macintosh są niejednorodne.

- **QOS:** Jakość usług
- **Frame Relay**: jest znormalizowaną technologią WAN, która określa fizyczne i logiczne warstwy połączeń cyfrowych kanałów telekomunikacyjnych przy użyciu metody komutacji pakietów.
- **MPLS : Multiprotokołowe przełączanie etykiet (MPLS)**
- **IntServ** : W sieciach komputerowych, IntServ lub Usługi Zintegrowane to architektura, która określa elementy zapewniające jakość usług (QoS) w sieciach. Na przykład, IntServ może być używany do dostarczania obrazu i dźwięku do odbiornika bez przerw.
- **Diff Serv** : Zróżnicowane Usługi, lub DiffServ, to architektura sieci komputerowej, która określa prosty, skalowalny, gruboziarnisty mechanizm klasyfikacji, zarządzania ruchem sieciowym i zapewnienia QoS (Quality of Service) gwarancji w nowoczesnych sieciach IP. Na przykład, DiffServ może być używany do zapewnienia niskich opóźnień dla krytycznego ruchu sieciowego, takiego jak głos lub wideo, przy jednoczesnym zapewnieniu prostych gwarancji najlepszego ruchu dla niekrytycznych usług, takich jak ruch sieciowy lub transfer plików.

- **Opóźnienie**: Opóźnienie w dotarciu do celu w przypadku pakietów.
- **Nerwowość**: Czasowe wahania w dostarczaniu przesyłek.
- **Utrata pakietów**: Przeciążone łącza lub uszkodzone łącza mogą spowodować utratę pakietów.

ROZDZIAŁ 2

- **IETF :** Internet Engineering Task Force

- Kruszywa: Kruszywo to zbiór elementów, które są łączone w ilości całkowitej.

- DS Codepoint: DS Codepoint (DSCP) definiuje w nagłówku pakietu działanie, które każdy system obsługujący system Differv powinien wykonać na oznaczonym pakiecie.

- PHB: Zachowania na chmiel

- **Kontrola ograniczeń przesyłowych:** jest metodą monitorowania procesu regulacji całkowitej ilości danych wprowadzanych do sieci w celu utrzymania natężenia ruchu na akceptowalnym poziomie.

- PHB : Zachowanie pro-hopowe

- WŚU: Warunki użytkowania

- DSCP: punkt kodowy dla usług zróżnicowanych

- SLA: Umowa o gwarantowanym poziomie usług

- TCA: umowa dotycząca warunków ruchu drogowego

- **Per-Hop behaviour (PHB)** : to termin używany w usługach zróżnicowanych (DiffServ) lub Multiprotocol Label Switching (MPLS).

- **Małe opóźnienie:** pozwala na niewykrywalne opóźnienia pomiędzy przetwarzanym wejściem a odpowiadającym mu wyjściem z charakterystyką w czasie rzeczywistym.

- **WFQ:** ważona uczciwa kolejka.

- **Uwarunkowania ruchu:** jest to nieco abstrakcyjna koncepcja, która inicjuje każdą sieć w innej formie, w zależności od potrzeb sieci.

- **Klasa usług:** W kontekście technologii sieciowej, CoS jest 3-bitowym polem w nagłówku ramki Ethernet przy użyciu tagowania 802.1Q. Pole określa wartość priorytetu od 0 do 7 włącznie, która może być używana przez dyscypliny QoS (Quality of Service) do różnicowania ruchu.

- **Datagram danych:** jest podstawową jednostką transmisyjną podłączoną do sieci komutowanej pakietowo, w której nie jest zagwarantowany czas przybycia i kolejność dostawy.

- **IGMP:** Internetowy protokół zarządzania grupą kapitałową

- **Uzasadnienie częstotliwości:** Bajty wskaźnikowe wszystkich sygnałów STS-1 w sygnale STS-N służą do strojenia głowic transportowych STS-1 w sygnale STS-N oraz do strojenia częstotliwości. W przypadku multipleksacji danych użytkownika w ramkach STS-1, jeśli szybkość transmisji danych użytkownika jest większa niż pasmo obciążenia użytkowego STS-1, występuje ujemne wyrównanie częstotliwości.

- **ASYNCHRONIC TRANSFER MODE** : Warstwa ATM zapewnia przezroczysty transfer komórek ATM o stałym rozmiarze pomiędzy komunikującymi się jednostkami AAL z górnej warstwy. Transmisja ta odbywa się na wcześniej utworzonym połączeniu ATM zgodnie z umową transportową. Umowa o ruchu składa się z klasy usługi, wektora parametrów ruchu, takich jak szczytowa prędkość komórki, podtrzymana prędkość i maksymalna wielkość wybuchu, definicja zgodności i inne parametry. Od każdego systemu końcowego ATM oczekuje się generowania ruchu odpowiadającego tym parametrom. Wykonanie umowy o ruchu drogowym jest opcjonalne dla prywatnej UNI. Sieć publiczna ma monitorować oferowane obciążenie i egzekwować umowę o ruchu.

- Warstwa transportowa: W sieciach komputerowych warstwa transportowa zapewnia kompleksowe usługi komunikacyjne dla aplikacji[1] w ramach warstwowej architektury komponentów i protokołów sieciowych. Warstwa transportowa zapewnia wygodne usługi, takie jak obsługa strumieni danych zorientowana na połączenie, niezawodność, kontrola przepływu i multipleksacja.

- Filtr wieloznaczny: W sieci, filtr wieloznaczny jest przeciwieństwem standardowej maski pod względem IP. Na przykład, gdzie standardową maską byłoby 255.255.255.255.0, maska posiadacza miejsca byłaby 0.0.0.255. Staje się to nieco trudniejsze, jeśli poza granicami pełnej klasy, na przykład 255.255.255.255.224 miałoby maskę posiadacza miejsca o wartości 0.0.0.31.

- Stały styl filtrowania: Styl rezerwacji FF określa listę kanałów z nagością oraz unikalną rezerwację pasma dla każdego kanału. Rezerwacja innej szerokości pasma nie jest współdzielona z innymi nadajnikami i jest identyfikowana za pomocą adresu IP i lokalnego numeru identyfikacyjnego (LSP_ID). Ponieważ każdy nadawca ma swoją własną, specjalną rezerwację, dla każdej pary nadawca-odbiorca tworzona jest unikalna etykieta i oddzielny LSP.

- Wspólny styl jawny: styl rezerwacji SE RSVP tworzy wspólne rezerwacje wśród nadawców jawnych. W przypadku pojedynczej rezerwacji szerokości pasma RSVP, Router Egress (odbiornik) wymienia nadawców współdzielących rezerwację w wiadomości Resv.

- P hop: Adres węzła podskakującego obsługującego RSVP, który przekazuje komunikat PATH.

- Szablon nadawcy: Opisuje format pakietów danych, z których nadawca będzie pochodził. Obejmuje to adres IP nadawcy i opcjonalnie port nadawcy.

- Tspec nadawcy: Określa charakterystykę ruchu drogowego nadawcy.

- Adspec: Wiadomość PATH może zawierać promocyjny pakiet informacyjny znany jako Adspec. Zawartość Adspeca może być

79

aktualizowana z dowolnego routera na trasie.

- **FILTERSPEC:** definiuje podzbiór pakietów danych, które powinny otrzymać pożądany QoS.

- **PathTeer:** PathTear podróżuje do wszystkich odbiorników znajdujących się poniżej punktów inicjacji i oczyszcza stany trasy oraz wszystkie zależne stany rezerwacji po drodze.

- **ResvTear:** ResvTear oczyszcza status rezerwacji i podróżuje do wszystkich nadawców z punktu początkowego.

- Label Switching Router **(LSR): Router**, który obsługuje MPLS jest nazywany Label Switching Router (LSR).

- Edge **LSRs:** Edge LSRs podejmują decyzje dotyczące klasyfikacji i routingu w oparciu o informacje nagłówkowe zawarte w pakiecie IP. Edge LSR można dalej klasyfikować zgodnie z konkretną funkcją, jaką pełnią: Ingress LSR oznacza przychodzące strumienie ruchu IP na krawędzi sieci MPLS.

- **Core LSRs:** Pakiety routingu Core LSRs wzdłuż LSP przez sieć na podstawie informacji zawartych w zastosowanej etykiecie.

- **Etykiety:** Etykieta jest definiowana jako krótki, fizycznie spójny identyfikator o stałej długości, używany do identyfikacji FEC. Etykieta dołączona do konkretnego opakowania reprezentuje FEC, do którego dane opakowanie jest przypisane. Etykieta z nagłówkiem podkładki jest przenoszona wraz z pakietem w nagłówku warstwy 2.

- **Dystrybucja etykiet:** Protokół dystrybucji etykiet (LDP) jest metodą, za pomocą której jeden LSR informuje drugiego o wykonanych przez siebie wiązaniach etykietowych/FEC. Pozwala to również LSR-om na określenie możliwości MPLS pozostałych.

- **RSVP-TE:** RSVP-TE jest protokołem sygnalizacyjnym bazującym na RSVP pierwotnie używanym do sygnalizacji połączeń IP-QoS. RSVP-TE obsługuje dystrybucję etykiet i wyraźne trasowanie pomiędzy każdą parą LSR.

- **CR-LDP:** CR-LDP zawiera rozszerzenia LDP rozszerzające jego możliwości (przeznaczone do dystrybucji etykiet typu "hop-by-hop" w celu obsługi sygnalizacji QoS i wyraźnego trasowania). Pozwala to na rozszerzenie informacji używanych do ustalania ścieżek poza to, co jest dostępne dla protokołu routingu.

- **Time** to Live (TTL): Osiem bitów Time to Live (TTL) uniemożliwia przesyłanie pakietów przez sieć w pętli. Wartość przypisana do oryginalnej etykiety przez Ingress LSR opiera się na znanej liczbie skoków w zdefiniowanej ścieżce.

- **Architektura przełączania etykiet:** Przełączanie etykiet MPLS opiera się na dwóch różnych komponentach funkcjonalnych: przekazywaniu i komponencie sterującym. Komponent spedycyjny wykorzystuje etykiety przenoszone przez pakiety oraz informacje o spedycji etykiet zarządzane przez LSR do realizacji spedycji pakietów.

- **Komponent kontrolny:** Należy przechowywać informacje o sposobie przekazywania pakietów. Komponent kontrolny obejmuje wiązanie etykiet pomiędzy węzłami MPLS i wykorzystuje standardowe protokoły routingu do wymiany informacji z innymi routerami w celu zbudowania i utrzymania tabeli przekierowania.

- **Element spedycyjny:** Po nadejściu pakietów, komponent spedycyjny przeszukuje tabelę spedycyjną obsługiwaną przez komponent sterujący, aby podjąć decyzję o routingu dla każdego pakietu. Robi to poprzez sprawdzanie informacji z tabeli, gdy nadchodzi paczka.

- **Traffic Engineering:** Internet Traffic Engineering [15] definiowany jest jako aspekt inżynierii sieci, który odnosi się do kwestii oceny wydajności i optymalizacji działających sieci IP.

- **Klasa usługi:** Niektóre routery analizują nagłówek warstwy sieciowej pakietu nie tylko w celu wybrania następnego skoku pakietu, ale również w celu określenia priorytetu lub klasy usługi danego pakietu.

- **Wirtualne sieci prywatne:** VPN to prywatna sieć danych, która wykorzystuje publiczną infrastrukturę telekomunikacyjną, zachowując jednocześnie prywatność poprzez zastosowanie protokołu tunelowego i bezpieczeństwa.

- **Przetrwalność:** Przetrwalność sieci odnosi się do zdolności sieci do utrzymania istniejących usług w przypadku awarii sprzętu sieciowego. Ponieważ MPLS jest technologią z wyboru w przyszłych sieciach transportowych opartych na IP, konieczne jest, aby MPLS był w stanie zapewnić mechanizmy odzyskiwania i ochrony ruchu. W trakcie przywracania sprawności, po wystąpieniu awarii, tworzone są nowe trasy, a dotknięty ruch jest następnie kierowany po nowych trasach.

- Szerokość **pasma:** Ilość danych, które mogą być przesyłane przez kanał komunikacyjny w danym okresie czasu.

ROZDZIAŁ 3

Populacja i próbkowanie: Badanie jest korzystne dla średnich organizacji zainteresowanych skonfigurowaniem swoich sieci WAN dla czasowo wrażliwych przepływów ruchu z wykorzystaniem modeli IntServ lub DiffServ QoS. Symulacja oparta na systemie OPNET jest wykorzystywana do zbierania wyników badań.

Oprzyrządowanie: Optimized Network Engineering Tool (OPNET) zapewnia kompleksowe środowisko symulacyjne, które służy jako środowisko testowe do modelowania złożonych problemów komunikacyjnych.

Procedura i ramy czasowe: Badanie składa się z praktycznej pracy nad symulacją modeli IntServ i DiffServ oraz porównania ich wyników symulacyjnych z tradycyjnym modelem Best Effort w Internecie. Badanie kończy się analizą wyników symulacji tych trzech uczestników.

Routery krawędziowe: **Routery** krawędziowe są odpowiedzialne za różnicowanie ruchu przychodzącego na różne szerokie kategorie klas ruchu, podczas gdy routery rdzeniowe nadają priorytet routingowi tych klas.

REFERENCJE

[1] B. A. Forouzan, S. C. Fegan (2006). *Komunikacja danych i tworzenie sieci.* 5 edycja. USA: McGraw Hill. 55.

[2] Dushyanth Balasubramanian. (2006). QoS w sieciach komórkowych . . 1 (1), 2.

[3] P. Giacomazzi , S. Giordano , M. Listanti , C. Raffaelli , F. Ricciato. (1999-2000). Przegląd wyników badań nad zarządzaniem ruchem w sieciach IP IntServ i DiffServ. . 1 (1), 1.

[4] Schatt, Stan (1991). *Łączenie sieci LAN: Przewodnik dla mikro managerów.* McGraw Hill. Thorpe, Nicolas M.; Ross, Derek (1992). *X.25 Ułatwione.* Sala Prentice'a

Puchatek, Udo W.; William H. Greene, Gary G. Moss (1983). *Telekomunikacja i tworzenie sieci.* Boston: Little, Brown i Company.

Kodeks Motoroli (1992). *Podstawowa książka o przełączaniu pakietów X.25.* Podstawowa seria książek (wydanie 2, red.). Czytanie, mgr.: Addison-Wesley.

Deasington, Richard (1985). *X.25 Wytłumaczone.* Komunikacja i sieci komputerowe (wydanie 2, red.). Chichester Wielka Brytania: Ellis Horwood.

Przyjaciel, George E.; Fike, John L.; Baker, H. Charles; Bellamy, John C. (1988). *Zrozumienie przekazywania danych* (wydanie 2, red.). Indianapolis: Howard W. Sams & Company.

[5] John Atkins i Mark Norris (1995). *Łączna powierzchnia sieci: ATM, IP, Frame Relay iSMDS Oświadcza, że...* 2nd Edition USA: John Wiley & Sons Ltd.

[6] Black, Ulysses D. (1998). *Tom III ATM: Współpraca internetowa z bankomatem.* Toronto: Prentice Hall.

De Prycker, Martin (1993). *Tryb transferu asynchronicznego. Rozwiązania dla szerokopasmowego ISDN.* Sala praktykantów.

Joel, Amos E., Jr. (1993). *Tryb transferu asynchronicznego.* Prasa IEEE. Golway, Tom

(1997). *Planowanie i zarządzanie sieciami ATM.* Nowy Jork. Rzuć.

McDysan, David E.; Darren L. Spohn (1999). *Teoria i zastosowania ATM.* Montreal: McGraw-Hill.

Neelakanta, P. S. (2000). *Podręcznik dotyczący telekomunikacji ATM, zasad i wdrażania.* Prasa CRC.

Blake, i inni. (1998). Architektura dla zróżnicowanych usług... 1 (1), 13.

8 S. Blake, D. Black, M. Carlson, E. Davies, Z. Wang i W. Weiss (grudzień 1998). *Architektura dla zróżnicowanych usług.* USA: 2475.

[9] Jacobson, K. Nichols und K. Poduri (1999). *An Expedited Forwarding.* USA: PHB. 2598.

[10] J. Heinanen, W. Weiss, J. Wrocławski i F. Baker (czerwiec 1999). *Bezpieczna spedycja.* USA: PHB Group, IETF RFC 2597.

[11] Jean-Philippe Vasseur , Frangois Le Faucheur Jim Guichard (2005). *Ostateczne projekty sieci MPLS.* USA: Cisco Press. 344.

Treść

Printed by Books on Demand GmbH, Norderstedt / Germany